초하루**법문**
백팔대참회문

초하루법문
백팔대참회문(1)

無一 우학 큰스님

도서출판 좋은인연

청정한 즉 마음이 불보요
淸淨卽心是佛寶

밝은 즉 마음이 법보요
光明卽心是法寶

평화스러운 즉 마음이 승보이니
平和卽心是僧寶

나 본래 공경스러운 삼보일세
我本來恭敬三寶

불·법·승이 곧 한 몸!
佛法僧卽是一體

초하루법문집
백팔대참회문을 내면서

귀의삼보하옵고,

무문관에서 불교의범의 108대참회문과 108찬탄문으로 절수행을 하던 중에 생각하였습니다.

'우리 신도님들이 이 뜻을 알고나 하실까?'

한국불교대학 大관음사에서는 사시불공(巳時佛供) 시간에 매일 108배를 올리는데 홀수 날에는 108대참회문을, 짝수 날에는 108찬탄문을 외우면서 합니다. 그러니까 이 108대참회문은 신행생활의 기본으로, 친숙한 수행과목이라고 볼 수 있습니다.

그런데, 제가 직접 지은 108찬탄문과는 달리 예로부터 내려오는 108대참회문은 전체가 한문 문장으로 되어 있어서 이해가 쉽지 않은 난점(難點)이 있습니다. 그래서 대부분 신도님들이, 심지어 스님들조차도 뜻을 모르고 염불하는 수가 많습니다.

'한 줄 한 줄의 의미가 대단한데, 그 의미를 알고하면 얼마나 좋을까!'

그러한 안타까운 마음으로 매월 초하룻날의 법문 소재로 이 108대참회문을 채택, 설법하고 있습니다. 다행히도 반응이 아주 괜찮은 것 같습니다.

"自不照顧(자불조고) 念佛半益(염불반익)"

'염불만 하면 되지 뜻은 알아서 뭘 하는고?' 라고 할 수도 있습니다. 하지만 그렇지 않습니다. 엘리트 불자라면 자기가 늘 신행하고 있는 염불의 뜻을 알아야 합니다. 그래야 자기 생활에 견주어 자기 살림의 밑천으로 삼을 수 있습니다.

제가 만든 위의 뜻이 이러합니다.

"자신을 비추어 보지 못하면, 염불해도 반 이익이다."

이번 차제에, 초하루법문과 이 책을 통하여 반 이익이 아닌, 100% 온전한 이익을 성취하시길 바랍니다.

나무관세음보살.

戊戌年 正月

능一 又무 합장

차례

머리말
6

음력4월 초하루 법문
11

음력5월 초하루 법문
39

음력윤5월 초하루 법문
65

음력6월 초하루 법문
99

음력7월 초하루 법문
141

음력8월 초하루 법문
183

음력9월 초하루 법문
227

부록, 無一 우학 스님의 부처님 백팔찬탄문
265

大慈大悲愍衆生(대자대비민중생)
大喜大捨濟含識(대희대사제함식)
相好光明以自嚴(상호광명이자엄)
衆等至心歸命禮(중등지심귀명례)

대자와 대비로 중생들을 가엾이 여기시고
대희와 대사로 생명체들을 제도하시며
상호에서 나온 광명으로 저절로 장엄되시니
저희 대중들이 지심으로 귀명례합니다.

백팔대참회문 중에서

백팔대참회문 특강(1)
2017.4.26. 음력4월 초하루

　　백팔대참회문은 우리 불자들에게 아주 익숙합니다. 백팔배를 할 때 주로 이 백팔대참회문을 읽으며 수행을 하기 때문입니다. 하지만 그럼에도 백팔대참회문에 대해 제대로 알고 하는 사람이 많지 않습니다.
　　몇 해 전, 중국의 선종사찰 성지순례를 다녀왔었는데 그때 유명한 사찰 외에도 한족들이 살고 있는 중국의 크고 작은 절에 가 볼 기회가 있었습니다. 그중에는 백팔대참회문을 벽에 붙여놓거나 백팔대참회문을 가지고 수행하는 사찰도 많았습니다. 그래서 우리나라뿐만 아니라 중국에서도 옛날부터 백팔대참회문으로 수행했었음을 미뤄 짐작할 수 있었습니다.
　　백팔대참회문은 아주 유명함에도 편자(編者)가 미상입니다. 백팔대참회문은 절을 하면서 참회하는 의식이기 때문에 좀 특별합니다. 절이라는 것은 자신을 정화하는 일입니다. 자신을 정화하고 더 밝은 삶을 사는 데 이만한 수행과목이 없습니다. 우리는 종종 몸을 그릇에 비유하는데, 그릇이 깨끗해야 좋은 음식을 담았을 때 상하지 않는 것처럼 우리의 몸도 그릇처럼 늘 깨끗해야 합니다. 이렇게 몸을 깨끗하게 하는 작업이 바로 절입니다.

달포 전에 감포도량에 진달래가 아주 만발했습니다. 그래서 진달래 효소를 담그기 위해 명상힐링캠프 참가자들과 진달래를 많이 채취를 했습니다. 효소를 담글 병은 제가 대구큰절에서 갔을 때 봉덕시장에 들러 몇 개를 샀는데 시장에서 산 유리병은 안에 먼지도 있고, 또 병을 만드는 과정에서 생긴 이물질이 병에 남아 있을 수도 있기 때문에 무엇을 담든 사용하기 전에 깨끗하게 씻어야 합니다. 잘 씻은 병에 효소를 담아야 좋은 효소가 되겠지요.

그와 같이 우리 몸과 마음도 자주자주 씻어내야 합니다. 그렇게 몸과 마음을 자주자주 씻어내는 것이 참회하면서 하는 절입니다. 즉 몸과 마음을 정화하면서 더 밝은 삶을 살아가는 데 아주 좋은 수행 과목이 백팔대참회문인 것이죠. 다른 어떤 기도나 참선을 하더라도 백팔대참회문 수행을 병행하면 그 시너지 효과가 아주 큽니다. 즉 백팔대참회문은 단독으로도 아주 훌륭한 수행과 기도이지만 본인이 평소 하던 기도와 함께 하면 더 좋습니다. 평소 참선하는 사람은 참선만 하고 관음기도를 하는 사람은 관음기도만 할 게 아니라, 이제부터는 백팔대참회문을 겸해서 해보시길 권해드립니다.

지금까지 제가 집필한 책이 200여권이 되는데 그 가운데 가장 먼저 낸 책이 바로 법요집입니다. '내용이 잘 갖추어진 법요집이 있다면 신도들이 바른 신행을 할 수 있겠다' 는 생각으로 법요집을 가장 먼저 낸 것이죠. 처음 책을 낼 때는 제목이 '신행보감' 이었는데 25년 동안 몇 번의 개정을 거치면서 지금의 '새법요집' 이 되었습니다. 새법요집이 다른 사찰의 법요집과 다른 점이 많이 있지만 그중에서 백팔대참회문이 책의 가장 중심부에 있다는 것이 큰 차이점입니다. 백팔대참회문이 없는 법요집도 많은데 저는 백팔대참회문을 함께 한다면 절에 활기가 차고, 기도 성취도 크겠다는 애초 믿음이 있었기 때문에 법요집에 넣은 것입니다. 그래서 우리절은 사시불공 때 백팔대참회문에 맞춰 절을 하는데 이 또한 다른 사찰의 사시불공과 큰 차이점이라 할 수 있습니다. 이러한 차이점들이 우리 한국불교대학 大관음사가 기도 가피가 분명한 도량이 되는데 큰 부분을 차지하는 게 사실입니다.

실지로 많은 분들이 우리절에 와서 기도를 하고 기도 가피를 입었다는 얘기를 합니다. 기도 가피를 입은 사람들이 많다는 것은 첫째 우리절에서 기도를 많이 하기 때문에 그렇습니다. 기도하는 사람들이 많고 또 열심히 기도하기 때문에 그렇습니다. 확신하건대 사시불공 때마다 전체 신도들이 함께 백팔대참회문 기도를 하기 때문에 기도 가피가 더 분명하지 않은가 합니다.

우리절에서는 과거 백팔대참회문을 가지고 십만배 기도를 한 적도 있습니다. 그때가 1997년이었는데 백 일 동안 매일 천배씩, 십만배를 한 것입니다. 처음 입재할 때는 수천 명이 동참했지만 이게 얼마나 어려운 일인지 결국 완주한 사람은 27명이었어요. 저는 체면 때문에 어쩔 수 없이 완주를 했습니다. 설마 체면 때문에 했겠느냐고 생각할 수 있을 텐데 이게 솔직한 심정입니다. 그래도 제가 우리절 한국불교대학 大관음사라는 반야용선의 선장인데 선장인 제가 힘들다고 안 할 수는 없었다는 얘기죠.

어쨌든 백팔대참회문을 가지고 십만 배를 한 후, 우리절 한국불교대학이 아주 큰 발전을 해온 것이 사실입니다. 그래서 지금도 사시불공 때 다른 절은 하고 있지 않는 백팔대참회문을 하고 있는 것입니다.

백팔대참회문은 개인적으로도 좋은 수행과목이고 전체가 함께 하기에도 아주 좋은 수행과목입니다. 매일매일 절에 나올 수 없다고 해서 백팔대참회문를 할 수 없는 것은 아닙니다. 집에서 기도하시거나 절을 할 때 하면 됩니다. 또한 몸이 불편해서 절을 할 수 없다면 그냥 읽으면 됩니다. 어떻게 하는지 방법을 모르겠다고 하는 분은 유튜브나 네이버, 다음 같은 인터넷 사이트에서 '우학 스님 백팔대참회문'을 검색하면 옛날에 테이프로 녹음해 놓은 것이 나오니까 그것을 들으면서 따라하면 됩니다. 어쨌거나 기도는 매일매일 하는 것이 중요합니다.

그런데 그렇게도 좋은 수행과목인 백팔대참회문은 제목도 어렵거니와 '대자대비민중생 대희대사제함식 상호광명이자엄 중등지심귀명례'라고 하는 첫줄부터 무슨 말인지 참 어렵습니다. 그리고 무슨 뜻인지도 모르고 그냥 따라하는 불자들이 대부분이에요. 그래서 '우리 한국불교대학 大관음사 법우님들만이라도 백팔대참회문을 제대로 알고 하게 하자'는 생각으로 매달 초하룻날마다 백팔대참회문 강의 및 법문을 해야겠다는 마음을 먹었습니다. 초하루마다 꼭꼭 나오셔서 백팔대참회문을 좀 깊이 있게 이해하시는 시간을 가져보시기 바랍니다.

왜 108인가?

- 6근(안·이·비·설·신·의)이 6경(색·성·향·미·촉·법)을 대함으로써 각각 작용을 일으킨다. 즉 고수(苦受), 락수(樂受), 불고불락수(不苦不樂受)의 느낌이 있게 된다.
즉, 6×3=18가지

- 여기에, 각 인식기관의 받아들인 작용마다 더욱 지속하려는 의식이 일어난다.
  고수(苦受)에 대해서는 싫다.(惡)
  락수(樂受)에 대해서는 좋다.(好)
  불고불락수(不苦不樂受)에 대해서는 밋밋하다.(平)
  즉, 6×3 = 18가지
- 도합, 36가지 의식, 작용에 과거, 현재, 미래의 생각이 뒤얽혀 108가지 분별망상이 발생된다(36×3=108). 즉, 108번뇌가 일어난다.

백팔대참회문의 백팔은 모든 번뇌의 종류, 즉 108가지 번뇌를 의미합니다. 이 108의 숫자를 구성하는 것에 대해 많은 이론이 있습니다만 그것에 대해 제가 정확하게 짚어드리겠습니다. 제가 말씀드리는 대로 이해하시면 틀림없습니다.

먼저 '6근이 6경을 대함으로써 각각 작용을 일으킨다. 즉 고수(苦受), 락수(樂受), 불고불락수(不苦不樂受)의 느낌이 있게 된다' 라고 하였습니다. '수(受)' 자는 '받을 수' 자인데 여기에서는 '느낌을 받는다' 라고 이해하면 됩니다.

6근(根)이라는 것은 인식하는 뿌리로 안(眼)·이(耳)·비(鼻)·설(舌)·신(身)·의(意)을 말합니다. 즉 인식하는 뿌리인 눈·귀·

코·혀·몸·생각을 말하는 것이죠. 그래서 인식기관인 6근이 색(色)·성(聲)·향(香)·미(味)·촉(觸)·법(法)이라는 6경(境)을 대하면, 즉 모양과 빛깔을 대하고, 소리를 대하고, 냄새를 대하고, 맛을 대하고, 촉감을 대하고, 생각 대상(법)을 대함으로써 어떤 작용이 일어납니다. 그 작용이 바로 '고수, 락수, 불고불락수' 입니다. 이때 '고수' 라는 것은 '싫다, 괴롭다' 는 느낌을 말하고, '락수' 라는 것은 '좋다, 즐겁다' 는 느낌을 의미합니다. 그리고 '불고불락수' 라는 것은 '좋은 것도 아니고 즐거운 것도 아니고 싫은 것도 아니고 괴로운 것도 아닌 그러한 느낌' 을 말해요. '연기 냄새구나! 가스 냄새구나!' 라고 하는 느낌은 좋다, 싫다를 떠나서 냄새를 느낄 뿐인 것이죠. 그것을 불고불락수라 합니다.

즉, 6 × 3 = 18가지

6×3=18가지, 이게 무슨 말인가 하면 눈(眼)으로 6경의 색(모양이나 빛깔)을 볼 때, 세 가지 느낌을 받습니다. 좋다(락수), 나쁘다(고수), 나쁜 것도 아니고 좋은 것도 아닌(불고불락수) 느낌을 받는 거지요. 그래서 6 곱하기 3은 '안·이·비·설·신·의' 라는 6가지 인식기관에 '락수·고수·불고불락수' 라고 하는 3가지 느낌을 곱하면 18가지 느낌이 있게 된다는 말입니다.

그런데 우리가 어떤 느낌을 받을 때 느낌을 받는 순간에 그치지 않고 그 느낌을 끌고 가요. 위에서 밝힌 것처럼 받아들인 작용마다 더욱 지속하려는 의식이 일어납니다. 그래서 어떤 물건을 보고 싫다고 느꼈다면 그 순간만 싫은 것이 아니라 우리 의식 속에 그 물건이 싫다는 생각이 계속 남아 그것을 끌고 갑니다. 이렇게 고수(나쁘다)에 대해 자꾸 끌고 가는 것을 악(惡)이라고 합니다. 반대로 락수(좋다)는 좋은 것에 대한 것을 자꾸 끌고 가며, 이것을 호(好)라고 말합니다.

예를 들면 카페에 갔는데 장동건이라는 배우가 앉아 있다고 가정해 봅시다. 장동건을 좋아하는 사람이라면 그 순간 몸에 전율이 일어날 것입니다. 그렇게 몸에 전율이 일어나는 그때가 락수가 되는 것입니다. 그런데 카페를 나와 집에 돌아가도 장동건의 얼굴이 자꾸 생각나고 심지어는 '내일 그 카페에 한 번 더 가볼까? 또 오려나?' 라는 생각이 계속 이어지게 된다면 그것을 호(好)라 합니다. 락수에 대해서 자꾸 끌고 가는 감정이죠.

나쁜 것도 마찬가지입니다. 나쁜 소리를 듣는 순간 기분이 나빠집니다. 그렇게 기분이 나쁘고 괴로운 그 순간을 고수라 합니다. 얼마 전에 어떤 남자가 우리절을 보고 절이 너무 커서 기분이 나쁘다는 말을 하는 것을 들었습니다. 그 소리를 듣는 순간, 소위 말해서 제가 뚜껑이 열릴 뻔 했어요. 그것이 고수입니다. 그런데 시간이 지나도 기분이 나아지지 않고 계속 기분이 나빴습니다. '절이 커서 기분이 나쁘다는 그 사람은 절에 시주도 한 푼 하지 않고 그런 말을 할 자격이 있나? 그 사람은 분명히 불자가 아니고 기독교인일거야. 불자가 아니니까 저런 소리를 하겠지' 라는 생각이 들었어요. 그렇게 나쁘고 괴로운 것을 계속 끌고 가는 것을 악(惡)이라고 합니다. 이때 악(惡)은 '미워할 오' 자도 됩니다.

'불고불락수(不苦不樂受)에 대해서는 밋밋하다(平)' 이 말에 대해 예를 들면, 감포도량에 포교 7명을 하면 드리려고 된장을 많이 담아놨어요. 그런데 포교를 7명 하신 분이 많지 않아 된장이 남아서 큰일이 되었습니다. 그래서 천수천안단, 즉 선방후원회 분들에게 된장, 간장을 나눠드리려고 마음을 먹었습니다. 여하튼 이 된장 단지 옆을 지나가면서 된장 냄새가 좋다고 말하는 사람도 있지만 대부분의 사람들은 좋거나 싫음을 떠나서 그냥 '된장 냄새네' 라고 인식할 뿐이죠. 그것이 불고불락수이고, 집에 돌아가서 감포도량에 이것저것 생각이 나는데 그 된장 단지에 대해서는 싫거나 좋은 것이 아니라 그냥 '된장 냄새가 났었지' 라고 생각하는 것이 밋밋하다, 平(평)인 것입니다.

그래서 안·이·비·설·신·의에 대해서 끌려가는 감정인 惡(악 또는 오), 好(호), 平(평) 이렇게 3가지를 곱하면 다시 18가지가 됩니다. 그리하여 앞의 18가지 감정을 더하여 도합, 36가지 의식과 작용에 과거, 현재, 미래의 생각이 뒤얽혀(36×3=108) 108가지의 분별망상이 발생되는 것입니다. 즉 108번뇌가 일어나는 것입니다.

108번뇌라는 말은 모든 번뇌의 총칭입니다. 그리고 이러한 번뇌가 있음으로써 우리가 업을 짓게 됩니다. 업을 짓게 됨으로써 과보를 받게 되죠. 순서가 그렇습니다. 즉 번뇌를 짓게 되므로 업을 짓게 되고, 업을 짓게 되므로 과보를 받게 되는 것입니다. 그러니 현재 내가 받고 있는 과보는 번뇌 망상에서부터 시작되었다고 볼 수 있습니다.

예경과 참회가 공존하는 백팔대참회문

대참회문은 대예참문이라고도 불리어지듯 참회 내용과 참회 대상의 부처님이 열거되고 있다. 주로 절을 하면서 이루어지는 수행의식이므로 대참회문은 절하는 공덕까지 갖추게 된다.

절의 공덕
① 마음 비움, 평온 유지, 행복호르몬 분비, 힐링 → 열반
② 신체건강(水昇火降) – 단전(복식) 호흡
③ 집중력, 삼매 – 무아체험
④ 지극한 신심, 정성, 소원성취

大懺悔文(대참회문)은 한자 '大(대)'의 뜻처럼 크게 참회하는

글이라는 말입니다. 대(大)자는 강조하는 말이기도 하고 거창하게 참회한다는 의미이기도 해요. 한편, 대참회문을 대예참문이라고도 하는데 이는 크게 예를 올리면서 참회한다는 말입니다. 대참회문의 내용을 보면 '지심귀명례 보광불, 지심귀명례 보명불, 지심귀명례 보정불…' 이렇게 계속 많은 부처님이 등장을 합니다. 바로 그런 부분에 예참의 성격이 있는 것이지요. 그래서 참회의 내용과 참회의 대상인 부처님이 열거되는 백팔대참회문은 주로 절을 하면서 이루어지는 수행의식이므로 대참회문은 절하는 공덕까지 있다고 하는 것입니다. 여기서 잠깐 절을 함으로 얻게 되는 공덕에 대해 살펴보겠습니다.

절하는 공덕, 첫째는 '마음 비움, 평온 유지, 행복호르몬 분비, 힐링 → 열반' 이라고 밝히고 있습니다. 절을 하게 되면 탐·진·치 삼독심이 없어지고, 삼독심이 없어지면 마음을 비우게 되고 평온해져요. 그러면 엔돌핀이나 세로토닌과 같은 행복호르몬이 분비가 되고 결국 힐링, 치유가 됩니다. 그럴 때 우리가 추구하는 열반, 니르바나에 이르게 되지요. 열반이라는 것은 지극한 평온입니다. 절을 한번 해보면 알게 됩니다. 절을 하면 얼마나 평온해지는지….

절하는 공덕, 둘째는 신체가 건강해집니다. 수승화강(水昇火降)이라고 해서 물기운은 위로 올라가고 뜨거운 열기운은 아래로 내려가면 우리 몸은 건강해집니다. 그런데 절을 하면 자연스레 그렇게 됩니다. 그리고 절을 지속적으로 하면 단전호흡과 복식호흡이 저절로 됩니다. 그러니 건강해지지요.

절하는 공덕, 셋째는 집중력이 살아납니다. 특히 산만한 아이들에게 절을 시키면 집중력이 살아납니다. 또한 삼매에 들 수 있고 무아체험도 할 수 있어요.

절하는 공덕, 넷째는 지극한 신심이 생깁니다. 대참회문을 보고 하든지 그게 힘들면 그냥 절이라도 매일 백팔배를 하면 좋아요. 저도 매일 백팔배를 꼭 합니다. 절을 함으로써 부처님께 정성을 바치는 것이지요. 절은 내 온몸을 다 바치는 것으로 기도 중의 기도입니다. 그래서 매일 백팔배를 하면 신심이 나고, 나도 모르게 부지불식간에 소원이 점점 이루어져 갑니다.

이렇게 많은 공덕이 있는 절, 백팔대참회문과 함께 하면 더 좋은 것은 말할 것도 없겠죠.

참회(懺悔)

- 자기의 잘못에 대하여 깊이 깨닫고 뉘우침. 참(懺)은 범어(梵語) ksama(懺摩)의 음역. 회(悔)는 뉘우침. 즉 참과 회는 결국 같은 의미의 중복으로 그 뜻의 심각성을 나타냄.
- 自通之法(자통지법).

백팔대참회문은 제목에서 이미 '참회'에 대한 내용임을 시사하고 있습니다. 참회란 자기의 잘못에 대하여 깊이 깨닫고 뉘우치는 것 또는 자기의 허물에 대해서 깊이 뉘우치고 깨닫는 것을 말해요. 그렇다면 '우리는 무엇을 참회해야 하는 것인가, 그 잘잘못에 대한 기준은 무엇으로 할 것인가?'에 대해 생각해봐야겠죠.

나는 하느라 했는데 상대가 화를 버럭 내고 기분 나빠한다면 그것은 잘못일까요, 아닐까요? 잘못한 것이지요. 왜냐하면 상대가 화를 냈고, 화를 낸 데에는 그만한 이유가 있기 때문입니다. 그래서 잘잘못은 반드시 상대의 입장에서 판단해야 합니다. 그러한 기준을 자통지법(自通之法)이라 합니다. 내가 어떤 일을 해야 될지 말아야 될지 판단이 서지 않을 때는 상대의 입장에 서보면 됩니다. 상대의 입장에서 기분이 상한다거나 상처가 될 수 있다면 그것은 하지 말아야 하는 것이죠. 만약 내가 어떤 생명체를 해치려고 한다면 그 생명체는 두려움을 느끼게 됩니다. 입장을 바꿔 다른 누군가가 나를 해치려고 한다면 두려움을 느끼지 않을 것인지를 생각해 보면 알 수 있어요. 그러니까 다른 생명체를 함부로 죽이면 안 되고, 그림에도 만약 그 생명체를 죽였다면 허물이 되는 깃입니다. 그리고 그것이 과보가 됩니다. 아끼는 물건을 도둑맞으면 당연히 기분이 나쁘죠. 그러니까 나 또한 다른 사람의 물건을 훔치면 안 되는 것입니다. 만약 '이것이 죄가 될까? 허물이 될까? 아니면 좋은 적선

이 될까?' 하는 고민이 된다면 상대의 입장에서 생각해보십시오. 그런 원리가 바로 자통지법의 원리이고 잘잘못에 대한 기준이 됩니다. 그럼에도 내가 한 행동 때문에, 내가 한 말 때문에 상대가 기분이 나빴다면 그건 허물이 되고, 우리는 그때 참회라는 것을 해야 합니다. 자기의 잘못에 대해서 깊이 깨닫고 뉘우쳐야 하지요.

참회(懺悔)의 '참(懺)'은 범어(梵語) 'ksama(懺摩)'의 음역이며 '회(悔)'는 '뉘우침'이라는 뜻입니다. 그러니까 참과 회는 결국 같은 의미의 중복으로 그 뜻의 중요성을 나타냅니다. 풀어 얘기하면 참은 범어인 '참마'라는 말의 음역, 즉 한자를 가지고 범어의 음을 나타내기 위해 발음상 비슷한 한자 '懺' 자와 뜻을 나타내기 위해 '뉘우칠 회(悔)' 자를 써서 '참회'가 된 것입니다. 그러니까 앞의 참 자는 발음에서 따온 것이고 뒤의 회 자는 뜻에서 따온 겁니다. 결국 참과 회는 같은 의미의 중복으로 참회라는 말이 그만큼 중요하다는 말입니다.

그런데 『육조단경』에서는 다르게 보고 있습니다. 『육조단경』에 따르면 참은 이미 지은 허물을 뉘우치는 것이고, 뒤의 회는 앞으로 허물을 짓지 않겠다는 다짐을 의미한다고 밝히고 있습니다. 하지만 그것은 해석하는 이의 말이고, 원뜻을 강조하기 위해서 참과 회를 발음과 의미를 붙여서 둔 것이니 참회의 뜻을 '뉘우침'이라고 이해하시면 됩니다.

그러면 왜 이렇게 뉘우침, 참회가 필요한 것일까요? 그 답이 바로 아래에 있습니다.

> • 지금 자신의 모든 고통은 삼독심에 대한 악업의 과보임. 그래서 꼭 참회하는 생활을 해야 한다. → 보현보살십대원

지금 자신의 모든 고통은 삼독심에 대한 악업의 과보입니다. 삼독심이란 탐(貪), 탐욕심과 진(瞋), 화냄과 치(痴), 어리석음을 말하죠. 즉 지금의 모든 고통은 자기가 지은 악업에 대한 과보입니다. 스스로 지었기에 스스로 고통을 받는 것이지만 이 고통을 줄이기 위해서는 반드시 스스로 참회해야 됩니다.

참회가 얼마나 중요한가는 여러 곳에서 참회라는 말이 얼마나 많이 언급되는지를 봐도 알 수 있습니다. 우리가 매일 사시불공 때 하는 천수경에 보면 '십악참회'라고 해서 열 가지 나쁜 허물에 대해 참회하고 이어 '참회진언'을 하죠. 또 보현보살 십대원에도 참회에 대해 언급하고 있어요. 보현보살 십대원(普賢菩薩 十大願)은 '예경제불원(禮敬諸佛願), 칭찬여래원(稱讚如來願), 광수공양원(廣修供養願), 참회업장원(懺悔業障願), 수희공덕원(隨喜功德願), 청전법륜원(請轉法輪願), 청불주세원(請佛住世願), 상수불학원(常隨佛學願), 항순중생원(恒順衆生願), 보개회향원(普皆廻向願)' 이렇게 열 가지인데 그중에서 '참회업장원(懺悔業障願), 지금껏 지

은 허물, 일념으로 참회(懺悔)합니다' 라고 말하고 있습니다.

이러한 것들을 볼 때, 우리가 부처님 행을 하는 가운데 참회를 절대 빠뜨리면 안 된다는 것을 알 수 있어요. 그래서 우리는 백팔대참회문으로 절을 하거나 읽으면서 매일 참회를 해야 합니다.

그런데 그러한 백팔대참회문을 함에 있어서 유념해야 할 것이 있습니다. 그것은 바로 완전한 참회가 되려면 다음과 같은 세 가지 조건이 충족되어야 합니다.

- 완전한 참회의 3가지 조건

  1. 반성 – 후회(penitence, repentance) - 理懺(이참)
  2. 다짐 – 결심
  3. 선행 – 수행 – 事懺(사참)
     ① 절하기 ② 부처님 명호 부르기 ③ 불공 ④ 경전 독송 및 사경 ⑤ 대중공양 ⑥ 천도 ⑦ 기도해 주기
- 자비도량참법
- 자비수참

완전한 참회의 세 가지 조건은 '첫째 반성 – 후회, 둘째 다짐 – 결심, 셋째 선행 – 수행'으로 이 세 가지 조건을 충족함으로써 우리는 완전한 참회에 이를 수 있습니다.

하나하나 자세히 살펴보면, 첫 번째 완전한 참회가 되기 해서는 '반성 - 후회(penitence, repentance) - 理懺(이참)' 이라고 하였습니다. 먼저 스스로 자기가 무엇을 잘못했는지를 알아야 합니다. 이참(理懺)이라는 말은 이치적으로 참회하는 것을 말합니다. 즉 '내가 잘못했다' 라고 솔직히 스스로의 잘못을 인정하는 것을 말해요. 얼마 전에 두꺼비를 황소개구리인줄 알고 잡아먹었다가 죽은 사람의 이야기가 신문에 난 적이 있었습니다. 만약 그 사람이 다행히 죽지 않았다면 '내가 황소개구리를 먹지 말았어야 하는데' 하고 후회하고 참회했겠지요.

이렇게 먼저 반성을 하고 나면, 두 번째 다짐이나 결심을 해야 돼요. 이때의 다짐은 긍정적 다짐이어야 하며 결심은 반대급부적 결심이어야 합니다. 이게 무슨 말이냐 하면 '내가 두꺼비를 잡아먹어서 고생했지. 다음부터는 잘 보고 황소개구리만 잡아먹어야지' 라고 마음 먹을 것이 아니라 '이제부터는 황소개구리를 잡아먹지 말아야지' 라고 다짐을 하는 것을 말합니다. 여름의 모기처럼 어쩔 수 없는 경우도 있기는 해요. 꼭 해야 될 것은 어쩔 수 없이 해야 됩니다. 자기를 해치는 동물이 있다면 어쩔 수 없이 살생해야 하지만 하지 않아도 될 살생은 잘못이라는 것입니다. 만약 어쩔 수 없이 살생을 했다면 반성하면서 앞으로는 하지 않겠다는 다짐이나 결심을 해야 하는 것이죠.

그렇게 결심한 뒤에는 세 번째 선행과 수행을 해야 합니다. 잘못을 완전히 녹여버리고 새로운 몸과 마음을 갖는 것이 선행, 수행입니다. 그것을 事懺(사참)이라 말합니다. 사참은 수행으로 연결되어야 합니다. 그래서 참회를 완전하게 하려면 이참, 사참이 함께 어우러져야 합니다. 쉽게 말하면 이치적으로 참회하고 몸을 움직여서 참회해야 한다는 말입니다.

예를 들어 부부싸움을 하다가 아내가 남편을 때렸어요. 나중에 생각해보니 남편을 때린 것이 미안하면서 후회가 되어 절에 가서 108배 절을 하면서 참회하고 남편을 위해 기도를 합니다. 이것이 바로 이참과 사참입니다.

사참, 즉 선행과 수행에는 많은 방법들이 있습니다. 대표적으로 자비도량참법, 자비수참과 같은 의식이 있죠. 또한 절하기, 부처님 명호 부르기, 불공, 경전 독송, 사경, 대중공양, 천도, 기도해주기 등이 있는데 이러한 사참을 해야지만 완전한 참회에 이르게 됩니다.

자비도량참법의 유래에 대해 잠시 말씀드리면, 중국 양무제의 부인 치황후는 살아생전 질투심이 많아서 양무제의 후궁들을 많이 괴롭혔습니다. 본인 또한 몸과 마음이 편할 날이 없다가 죽었는데 한번은 양무제의 꿈에 치황후가 나타나 자신의 악업으로 구렁이로 환생했음을 말하며 천도해 줄 것을 애원합니다. 꿈에서 깬 양무제는 치황후를 제도해 주기 위해 큰스님을 불러 '죽은 치황후를 제도하기 위해서 어떻게 하면 좋겠습니까?' 하고 물었습니다. 그러자 큰스님은 자비도량참법이라는 기도문을 지어 재를 올리며 치황후의 극락왕생을 발원하였습니다. 그러자 얼마 후 양무제의 꿈에 치황후가 다시 나타나 구렁이의 몸을 벗었다며 감사의 인사를 올렸다고 합니다. 그때부터 사찰에서는 자비도량참법이라는 책을 만들어 참회기도 정진으로 독송되었다고 합니다.

자비수참은 당나라의 오달 국사라는 스님이 몹쓸 피부병을 앓게 되어 참회를 해야겠다는 생각으로 지은 것으로 오달 국사는 늘 생활 속에서 이를 실천했다고 합니다.

다시 정리하면 완전한 참회는 첫째 반성하고, 둘째 다짐하고, 셋째 선행해야 합니다. 이것은 다른 누구를 위해서 하는 것이 아닙니다. 물론 상대에게도 좋겠지만 본인의 업장을 녹이고 본인의 과보를 더는 중요한 수행입니다.

큰 사랑과 큰 연민으로 우리를 인도하시는 부처님,
지심귀명례합니다

大慈大悲愍衆生(대자대비민중생)
大喜大捨濟含識(대희대사제함식)
相好光明以自嚴(상호광명이자엄)

> 衆等至心歸命禮(중등지심귀명례)
>
> 대자와 대비로 중생들을 가엾이 여기시고
> 대희와 대사로 생명체들을 제도하시며
> 상호에서 나온 광명으로 저절로 장엄되시니
> 저희 대중들이 지심으로 귀명례합니다.

본격적으로 백팔대참회문의 내용입니다.

'대자대비민중생 대희대사제함식 상호광명이자엄 중등지심귀명례' 이 게송은 대준제보살분수실지참회현문(大准提菩薩梵修悉地懺悔玄文 清 夏道人 集)에 나오는데 지금부터 그 내용을 하나하나 자세히 보겠습니다.

'대자대비민중생(大慈大悲愍衆), 큰 자비와 큰 사랑으로 중생들, 이웃들을 가엾게 여기시고'에서 '가엾게 여기시고'라는 말은 조금 부족한 표현입니다. 이 말보다는 '애민히 여긴다'는 표현이 맞습니다. 애민(愛愍)의 애는 '사랑 애(愛)'자, 민은 '가엾어 할 민(愍)'자입니다. 그래서 대자대비민중생은 '큰 사랑과 큰 연민으로 중생들을 애민히 여기시고'라고 이해하시면 됩니다. 이때의 '애민히'라는 말을 더 풀어 해석하면 '사랑스럽고 가엾게 여긴다'라는 말입니다. 누가? 부처님께서 큰 사랑과 큰 연민으로 중생과 이웃들을 애민히 여기신다, 사랑스럽고 가엾게 여기신다, 이런 말입니다.

'대희대사제함식(大喜大捨濟含識)'에서 '함(含)'자는 '머금었다, 가졌다'는 말이고 '식(識)'자는 '생각, 지식'이라는 말입니다. 그래서 함식, 즉 '생각을 가진 것'이니까 생명체를 가리키는 말이죠. 생명체는 다 생각이 있습니다. 풀조차도 생각이 있어요. 그리고 '사(捨)'자는 '버리다'는 뜻으로 여기에서는 삼독심을 버린 것을 의미하므로 '평등심'을 나타냅니다. 그래서 연결하여 그 의미를 보면 '큰 기쁨과 큰 평등심으로 생명체들을 제도하시며'가 됩니다. 여기서 제도는 '좋은 세상으로 인도하는 것'을 뜻합니다.

그다음 '상호광명이자엄(相好光明以自嚴)'에서 상호는 부처님의 거룩한 법체를 말합니다. 흔히 32상 80종호라고 얘기하죠. 32상 80종호(種好)에서 32상은 부처님의 대상(大相)으로 크게 분명한 모습을 말합니다. 예를 들면, 금색상(金色相) 금색으로 된 몸, 장광상(丈光相) 부처님 몸에서 빛이 나오는 모습, 대설상(大舌相) 부처님 입(혀)이 큰 모습, 백모상(白毛相) 부처님 미간에 흰털이 나서 빛을 내시는 모습 등이 32상에 해당됩니다. 80종호는 귓바퀴가 큰 모습, 부처님 몸이 윤택한 모습, 일체를 즐겨 보는 인생관 등과 같이 부처님의 소상(小相)으로 80가지의 미세한 모습을 말합니다.

상호는 이 32상 80종호의 줄임말인데 더욱 간단히 말하면 부처님의 거룩한 법체입니다. 부처님의 거룩한 몸에서는 빛이 나오는데 이 빛은 지혜의 빛입니다. 특별히 장엄하지 않아도 부처님의 법체, 즉 몸에서 광명이 나오기 때문에 그 빛으로 저절로 장엄이 되고, 그 자체로 아름답다는 말입니다.

우리 부처님께서는 중생이 잘 되는 것을 크게 기뻐해요. 그리고 중생들을 언제나 평등하게 대하죠. 그렇게 해서 모든 생명체들을 좋은 세상으로 인도해주십니다. 더군다나 우리 부처님은 몸에서 나온 지혜의 빛으로 저절로 장엄되시니, '중등지심귀명례(衆等至心歸命禮)' 우리 중생들은 그러한 부처님께 지심귀명례를 하지 않을 수가 없는 것입니다.

한편, 이 게송에서 숨은 키워드는 자비희사의 4무량심입니다. 자비희사가 어디에 있는가, 대자대비민중생에서 '자비(慈悲)', 대희대사제함식에서 '희사(喜捨)'를 뽑아 연결하면 바로 '자비희사'가 되죠. 그래서 이 게송은 모든 보살들이 가져야 하는 마음, 바로 사무량심에 대해 이야기하고 있는 것입니다.

> **자비희사(慈悲喜捨)의 4무량심(四無量心)**
>
> ① 慈能與樂(자능여락) : 자는 능히 즐거움을 주는 것
> ② 悲能拔苦(비능발고) : 비는 능히 괴로움을 뽑아주는 것
> ③ 喜能抱好(희능포호) : 희는 능히 좋은 것을 안아주는 것
> ④ 舍能支平(사능지평) : 사는 능히 평등심을 유지하는 것

위 예문을 살펴보면, '慈能與樂(자능여락), 자는 능히 즐거움을 주는 것'이라고 했는데 이것은 대자에서도 설명을 드렸듯이 사랑을 말합니다. 부처님께서 우리 중생에게 사랑을 주는 것을 뜻합니다. '悲能拔苦(비능발고), 비는 능히 괴로움을 뽑아주는 것'이라고 하였는데 앞에서 얘기한 대비의 큰 연민을 뜻합니다. 자능여락과 비능발고라는 말은 예로부터 있던 말이고, 그다음 나오는 '喜能抱好(희능포호)'와 '舍能支平(사능지평)'은 제가 만든 말입니다. 그래서 '희능포호, 희는 능히 좋은 것을 안아주는 것'입니다. 누군가에게 정말 기쁜 일이 있을 때 '나도 정말 기뻐'하고 안아주는 것을 의미입니다. 그리고 '사능지평, 사는 능히 평등심을 유지하는 것'입니다. 우리가 평등심을 유지하려면 늘 기도정진 해야 됩니다. 기도정진을 하지 않으면 평등심이 잘 일어나지 않습니다. 평등심의 반대말은 차별인데 우리가 기도정진을 하면 차별심이 없어집니다. 이러한 자비희사를 행할 때는 내 자신에게도, 내가 속한 단체 이를테면 한국불교대학 大관음사에 대해서도, 더 나아가 온 세상에 대해서도 자비희사의 마음을 써야 합니다.

여기에 대해 좀 더 구체적으로 살펴보면, 자능여락(慈能與樂)의 '자(慈)'는 능히 즐거움, 즉 사랑을 주는 것으로써 먼저 자기 자신을 사랑해야 합니다. 자기 자신을 푸대접하고 자기 자신을 모멸할 필요는 없어요. 자기 자신을 사랑하지 못하면서 세상을 사랑할 수는 없습니다. 적당하게 운동하고 적당하게 먹고 적당하게 몸도 가꿀 줄 아는 사람이 자기 자신을 사랑하는 것이지요. 우리가 우리의 자존감을 높이려면 자기 자신을 사랑할 줄 알아야 합니다.

두 번째는 비능발구(悲能拔苦), '비(悲)'는 능히 괴로움을 뽑아주는 것으로써 연민의 마음을 갖는 것을 말합니다. 자기 자신을 어떻게 연민하느냐? 거울을 꺼내놓고 보니까 주름이 지고 흰 머리카락이 많이 나서 백발이 다 되어 가는 것이 보여요. 그러면 연민이 생기죠. 이렇게 연민이 생기면 빨리 좋은 에너지로 전환해야 돼요. '내가 나이가 더 들기 전에 부처님 공부를 더 열심히 하고 더 열심히 기도해야지' 이런 마음으로 돌아서야 해요. 이것이 바로 연민하는 것입니다.

세 번째는 희능포호(喜能抱好), 능히 좋은 것을 안아주는 것이라 했습니다. 만약 스스로가 잘했으면 스스로 안아주는 그것이 희능포호입니다. 내가 책을 잘 읽었으면 '오늘 잘 했어' 하고 스스로에 대해서 안아주고 기뻐한다면 그게 바로 희무량심을 실천하는 것이 되는 것입니다. 내가 한국불교대학에 연등을 달았다면 나도 좋고 한국불교대학도 좋은 것이기에 스스로가 안아주고 기뻐해주면 희무량심을 실천하게 되는 일이지요.

네 번째 사능지평(捨能支平), '사(捨)'는 능히 평등심을 유지하는 것이라 했습니다. '불교대학에 와서 대접받겠다, 남들보다 혜택을 받겠다'는 유의 생각은 버려야합니다. 그런 마음을 버려야 공부가 됩니다. 예부터 '보시는 차별보시, 공양은 평등공양'이라는 말이 있어요. 요즘말로 하면 시주는 자기 성의껏 하고 혜택은 평등혜택이라, 즉 시주는 다 복을 짓는 일이니까 성의껏 하되 혜택은 욕심 내지 말고 평등하게 받으라는 말입니다. 각자 성심성의껏 하신 불사금으로 언제든 내 마음대로 와서 공부하고 기도하는 이러한 법당이 생겼어요. 그러나 불사금을 얼마나 했건 이 법당에서는 전기라든가 냉난방과 같은 혜택은 누구나가 똑같이 누립니다. 시주를 적게 했다고 전기를 조금 쓴다거나 시주를 많이 했다고 해서 전기를 많이 쓰는 게 아니지요. 혜택에 대해 욕심을 내면 시주한 공덕만 까먹을 뿐입니다.

오늘 초하룻날 절에 오셔서 법문도 듣고 기도하신 공덕으로 가족들이 모두 건강하시고 하시는 일들이 다 잘되시기를 진심으로 기도드립니다.

관세음보살.

世上有眞我(세상유진아)
生覺使侍者(생각사시자)
善用心寶藏(선용심보장)
我覺心一切(아각심일체)

세상에 참나 있어
생각을 시자로 부리면서
마음의 보배 창고를 맘껏 쓰노니
나, 생각 그리고 마음이 일체로다.

無一 우학 스님의
眞我(진아), 참나

백팔대참회문 특강(2)
2017.5.26. 음력5월 초하루

초하루 기도는 참으로 중요합니다. 그래서 백팔대참회문 특강을 시작하기 전에 새삼스럽게 '왜 우리는 초하루 기도에 참여해야 하는가?' 라고 먼저 질문을 드립니다.

문 : 왜 우리는 초하루 기도에 참여해야 하는가?

① (   )때문이다.
② (   )때문이다.
③ (   )때문이다.

질문에 대한 답은 보는 바와 같이 비어 있습니다. 왜 비워 두었겠습니까? 초하룻날 직접 절에 와서, 직접 들으라는 겁니다. 대신 밥을 먹어 줄 수 없는 것처럼 내가 직접 절에 와야 하고 내가 직접 들어야 한다는 말이죠.

왜 초하루 기도에 참여해야 하는가, 첫 번째 답이 뭐겠습니까? 답은 간단합니다. 초하루이기 때문입니다. 평소에는 절에 잘 나오지 않더라도 불자라면 초하루만큼은 절에 와서 마음 청소를 해야 합니다. 우리가 매일매일 샤워를 하듯 마음 샤워도 그와 같이 자주자주 해야 합니다. 빈방의 창문을 열어 놓고 한 달 뒤에 열어보면 그 방에는 먼지와 티끌이 수북이 쌓입니다. 그런 방은 청소하기도 어렵죠.

감포도량 무일선원 무문관에 일부러 비워둔 방이 하나 있습니다. 지금 한창 '무문관'이라는 영화를 촬영하고 있는데 이 영화 촬영을 위해서 특별히 비워 둔 것인데 오랫동안 닫혀 있던 방을 하안거 결제 전에 영화 촬영팀이 열었더니 얼마나 먼지가 쌓였는지, 발을 디딜 수가 없었습니다. 무문관 방에 봉창이 하나 있는데, 그 창문으로 먼지가 들어와서 쌓였던 것입니다.

그런데 우리 인간에게도 무문관의 봉창과 같은 문이 있어요. 하나도 아닌 6개의 문이 있죠. 이것은 육근(六根)의 문으로서 안(眼)·이(耳)·비(鼻)·설(舌)·신(身)·의(意), 즉 눈·귀·코·혀·몸·생각의 문인데, 6개나 되는 문이 있으니 티끌과 먼지가 얼마나 잘 들어오겠습니까? 이걸 방치하고 놔두면 폐인이 되는 겁니다. 그러니 초하룻날은 어떠한 일이 있더라도 절에 나와서 방 청소하듯이 마음 청소를 해야 합니다. 창문 하나 있는 방의 청소를 한 달에 한 번 한다면, 그 비율로 따져 봐서 창문 여섯 개가 있는 우리 인간은 5일에 한 번은 절에 와서 마음 청소를 해야 합니다.

평소 절에 기도하러 나오고, 공부하러 나오고, 봉사하러 자주 나오는 분들에게는 소용없는 말이지만, 그렇지 않은 분들은 초하룻날만이라도 절에 와서 마음 청소해야 합니다. 이 일은 너무나도 중요하므로 꼭 그렇게 해야 합니다.

왜 초하루 기도에 참여해야 하는가, 두 번째 답은 합동으로 백팔대참회를 할 수 있기 때문입니다. 백팔대참회 기도를 혼자서 하는 것과 합동으로 하는 것은 그 에너지가 천지차이입니다. 또한 어디에서도 가르쳐주지 않는 백팔대참회문을 가르쳐주고 있죠. 제가 강의를 위해 자료를 찾아 참고하려고 이것저것 뒤져보았지만 내용이 어려워서 그런지 어디에도 체계적으로 설명하고 법문해 놓은 것이 없었습니다. 이 말은 곧 재가불자가 혼자서 자료를 찾아 공부하기 힘들다는 얘기입니다. 그래서 초하룻날마다 절에 와서 이것만 잘 배워도 큰 공부가 될 것입니다.

어떤 사람은 '나는 참회할 것이 없기 때문에 108참회를 안 해도 돼. 그러니 절에 갈 필요가 없어' 라고 말을 합니다. 그러다가는 큰 코 다칩니다. 최고의 권력자 자리에 올랐어도 제대로 하지 않으면 금방 지옥의 나락으로 떨어질 수 있다는 것을 우리는 보고 있지 않습니까?

　제가 편집하고 번역한 책인 「자비수참기도법」의 서문, '자비수참의 연기'에 오달 국사 스님의 이야기가 나오는데, 오달 국사는 국사가 되기 전에는 남을 위해 봉사하고 열심히 수행하면서 살았지만, 국사가 되고 나서 사치스런 생활을 하며 수행을 게을리 하였습니다. 그렇게 방심하며 대충 살다가 인면창이라는 피부암 같은 병에 걸려 죽을 뻔 하다 살아난 오달 국사가 다시는 죄를 짓지 않을 것을 다짐하고 참회하면서 이 자비수참을 지어 그대로 수행하였다고 합니다.

　당장은 우리가 편하게 잘 살고 있다 하더라도 인생은 알 수가 없어요. 그렇기 때문에 늘 자기 자신을 돌아보면서 참회를 하면서 살아야 합니다. 그래서 108참회가 중요하고 합동으로 108참회하는 초하루가 대단히 중요한 것입니다.

　왜 초하루 기도에 참여해야 하는가, 세 번째 답은 살아있기 때문입니다. 대부분의 불자, 생각이 있는 불자라면 초하루 기도만큼은 꼭 챙깁니다. 공부하러 절에 잘 안 나와도 초하루 기도는 꼬박꼬박 나오는 분들이 있어요. 초하루 기도에 동참함으로써 내가 살아있다는 것을 새삼 느끼게 되고, 또 가족을 위해서 기도할 수 있는 시간이기 때문에 가족공동체, 불교공동체와 같은 공동체 의식도 느끼게 되지요.

사실 초하룻날조차 절에 나오지 않는 불자는 불자로서 살아 있다고 볼 수가 없어요. 그래서 우리는 죽는 날까지 초하루 기도는 꼭 지켜야 합니다. 아니, 죽어가더라도 초하루에는 절에 나오겠다는 생각을 해야 합니다. 그래야 정법을 떠나지 않게 됩니다. 우리가 정법을 만난다는 것은 참으로 희유하고 대단한 인연입니다.

초하루 기도에 동참하는 우리 한국불교대학 大관음사 불자님들 중에는 연세가 70~80세 넘는 분들도 많으신데 이분들은 아주 잘하고 계신 것입니다. 우리는 다음 생까지도 바라보고 살아야 하는데, 그러려면 또렷또렷 살아있는 의식으로 영원한 그 길을 생각하면서 초하루 기도를 꼭 챙기면 다음 생도 잘 살 수 있게 됩니다.

앞에서 잠깐 언급하였던 영화 '무문관'은 2013년 4월에서 2016년 정월 보름까지 찍은 TV다큐멘터리 '무문관'을 보충하여 영화화한 것입니다. 얼마 전에 무문관 세 번째 건물인 C동 앞에서 하루 한 끼 들어가는 일종식 촬영을 하는데 갑자기 산에서 구렁이 한 마리가 현장으로 흘러내렸습니다.

그때 제가 구렁이에게 축원했습니다.

"그래, 아주 잘 왔다. 이제부터는 딴 데 가서 얼쩡거리지 말고 선방 주위에서 살거라. 스님들이 참선하는 이 도량에서 살다가 죽으면, 다음 생에는 분명히 사람으로 다시 태어나서 참선기도 할 것이고, 그러면 도인도 될 수 있을 것이다."

영화 무문관은 2018년 4월 즈음 개봉하는데 이 부분이 영화에 어떻게 나오는지 잘 한번 보시기 바랍니다.

여하튼 우리는 살아있기 때문에 정법도량 한국불교대학 초하루 기도에 왔습니다. 잘 오셨습니다. 결론적으로 '초하루 기도는 우리절 한국불교대학 大관음사라는 기도성취 대도량의 세심탕(洗心湯)에서 마음을 잘 씻고, 108배 하면서 참회공덕을 잘 짓고, 행복 가득한 반야용선을 타는 날이다' 라고 생각하고 매달 초하루 기도를 놓치지 마시길 바랍니다.

지심귀명례, 금강의 높은 스승이시여!

> 至心歸命禮(지심귀명례) 金剛上師(금강상사)
> 지극한 마음으로 목숨 바쳐 돌아가 예 올립니다.
> 금강의 높은(꼭대기) 스승이시여!

이 문장의 핵심은 '상(上)' 자입니다. 보통은 위아래 할 때 '위' 의 뜻을 가지고 있는데 여기서는 '높은' 으로 해석해야 말이 됩니다.

> 지심귀명례 = 歸依(귀의)
> 長者窮者喩(장자궁자유)

지심귀명례는 '적극적 귀의' 라 하고, 귀의는 '돌아가 의지한다' 는 뜻입니다. 돌아가 의지함의 의미를 잘 보여주는 것이 『법화경』 신해품에 나오는 '장자궁자유(長者窮者喩)' 이죠. 이는 유명한 비유로써 장자는 큰 부호 또는 유지를 말하고 궁자는 가난한 아들을 뜻합니다.

장자궁자유의 내용을 살펴보면, 꼴통 아들이 아버지가 싫어서 가출하여 노숙자로 살아갑니다. 아버지는 큰 부호였는데, 아버지는 그 아들을 찾기 위해 아들이 갔을 만한 모든 방향으로 쫓아다닙니다. 나중에 우여곡절 끝에 그 아들을 찾게 되고 아들은 아버지 품으로 돌아와 모든 재산을 물려받게 된다는 이야기인데, 이것이 가능한 것은 아버지의 DNA와 아들의 DNA가 같기 때문입니다.

우리 중생들 또한 부처님 싫다고 도망 나와 방황했지만, 운이 좋아 우리는 부처님께로 돌아가는 중입니다. 이렇게 할 수 있는 것도 부처님의 DNA와 우리의 DNA가 같기 때문입니다.

금강(金剛)의 의미

① 쇠 중의 쇠 – 쇠를 부수는 쇠

② 다이아몬드 – 최고의 아름다움

③ 반야지혜를 말함 – 내마(內魔)와 외마(外魔)를 쳐부숨.
  • 내마 – 번뇌망상

> • 외마 – 외부의 장애요소, 훼방꾼, 질병
> ④ 금강경
> ⑤ 금강문(金剛門) – 금강력사

　백팔대참회문을 여는 게송이 끝나자마자 '지심귀명례 금강상사(金剛上師)' 라고 합니다. 그것은 아마도 '금강상사' 가 최고로 중요한 분이기 때문이겠죠. 그렇다면 금강상사가 과연 어떤 분인가, 한번 보겠습니다.

　먼저, 금강이라는 것은 쇠 중의 쇠, 쇠를 부수는 쇠를 말합니다. 『금강경』을 '다이아몬드 수트라' 라고 해서 서양 사람들은 금강을 다이아몬드라고 번역합니다.

　『금강경』은 반야지혜의 경이자, 번뇌망상을 부수는 경이자, 외부 마장, 마구니, 우환, 질병을 없애는 경입니다. 이때 외부 마장이라고 하는 것은 훼방꾼, 질병, 우환 등 외부의 모든 장애요소를 말합니다. 우리에게 반야지혜만 있으면 번뇌망상 뿐만 아니라 외부의 장애요소, 훼방꾼, 질병, 마구니, 우환들은 다 없어집니다. 그러니 반야지혜가 얼마나 중요한지 모릅니다. 그런 반야지혜를 얻도록 하는 경이 바로 『금강경』이고, 금강력사가 지키고 있는 문이 금강문(金剛門)입니다.

　우리 한국불교대학 감포도량에 있는 무문관으로 들어가는 큰

대문이 바로 금강문입니다. 그리고 그 문을 열고 들어가 보면 금강력사가 버티고 있고, 그 금강력사를 지나서 안으로 들어가면 바로 눈 푸른 납자(衲子)들이 두문불출하고 정진하는 무문관이 나타납니다.

그렇듯 금강이라는 말은 아주 중요합니다.

> **금강상사(金剛上師)**
>
> ① 반야지혜를 인격화한 말.
> ② 반야지혜를 가르치는 스승, 법사
> ③ 반야지혜의 당체 - 참나(참자아)
> ④ 般若之佛母(반야지불모) - 반야지혜가 부처님의 어머니이다.

그런데 여기서는 금강이라고만 하지 않고 '금강상사'라고 하였습니다. 이 금강상사를 해석하면 '금강의 높은(꼭대기) 스승' 입니다. 금강의 높은 스승, 즉 금강상사는 반야지혜를 인격화한 말이기도 합니다. 그래서 '지심귀명례 금강상사'는 '반야지혜에 지심귀명례합니다' 라고도 할 수 있겠습니다. 또한 금강상사는 지금 이 순간 나에게 불법(佛法)을 가르쳐주고 계신 스승을 말하기도 하고, 반야지혜의 당체, 즉 본래면목, 참나, 참자아를 의미하기도 합니다.

④을 보면 '반야지불모(般若之佛母), 반야지혜가 부처님의 어머니이다' 라고 했어요. 즉 '반야지혜가 참나의 자리' 라는 뜻입니다.

최근 불교를 일컬어 치유의 종교라고 말하는데, 불교는 초유탐본(超癒探本)이라고 해서 치유의 힘도 있지만, 치유를 넘어서서 근본을 찾는 것이 불교입니다. 치유를 넘어서 근본을 찾는다는 것은 세속에서 많이들 하고 있는 명상법과는 다릅니다. 불교에서 말하는 근본이란, 궁극에는 참나(眞我)를 찾는 것입니다. 참나, 참자아, 본래면목 다 같은 말이지요. 어쨌든 우리는 참나를 찾아야 합니다.

그리하여 우리가 참나를 찾으면 어떻게 되는가, 그것이 아래의 '無一의 참나 7점검론' 입니다. 이것은 어디에 나오는 이론이 아니라 제가 공부하고 체험한 것을 정리한 것이기에 '無一' 이라는 이름을 붙인 것이에요.

참나를 찾으면 어떻게 되나?

無一의 참나 7점검론

① 스스로를 다스린다(스스로의 주인공).
② 무집착이 된다(초연함, 무허욕, 끄달리지 않음).
③ 자존감을 갖는다(깨어있음).
④ 두렵지 않게 된다(무유공포, 스트레스, 불안극복).

⑤ 니르바나에 이른다(지극한 평온, 최상의 행복, 여기가 극락).
⑥ 일을 부리게 된다(여의원만, 소원성취).
⑦ 연기적 세계관을 갖는다(공동체의식, 봉사, 포교).

참나를 찾게 되면, 첫째 스스로를 다스리게 됩니다.
스스로를 컨트롤 하게 되죠. 즉 자기관리를 잘 하게 된다는 의미입니다. 먹을 것은 먹고 먹지 않아야 될 것은 먹지 않고, 할 일은 하고 하지 말아야 할 일은 하지 않는 것, 이것이 스스로를 다스리는 것입니다. 담배를 끊어야겠다고 하면 끊고, 술을 덜 마셔야겠다고 하면 덜 마셔야 합니다. 도박을 안 하겠다고 하면 안 해야 합니다. 누가 나를 통제해서 그런 게 아니라, 누가 시켜서 하는 게 아니라 스스로 알아서 합니다. 좋은 일을 하겠다고 마음 먹었으면 좋은 일을 하고, 공부할 시간이 되면 알아서 공부합니다. 절을 할 시간에는 절을 하고 사경을 할 시간에는 사경을 합니다. 이게 말은 쉽지만 쉬운 게 아니죠. 하지만 참나를 찾으면 그렇게 자기 통제가 됩니다.

얼마 전에 제 도반들이 일본 성지순례를 같이 가자고 했지만 가지 않았습니다. 저는 완전히 폐문하여 수행한 앞의 3년을 포함해서 2020년 2월 2일까지, 만 7년은 선방에서 참선공부를 하겠다고 원을 세운 바가 있습니다. 그래서 해외는 어떤 이유로도 일절 가지 않기로 2013년 4월, 폐문하며 처음부터 마음을 먹었습니다. 갈까 말까 망설일 이유가 없습니다. 제 도반들이 가자고 아무리 유혹해도 스스로의 주인공이 성성하니 그 정도는 쉽게 컨트롤 할 수가 있는 것입니다.

살이 찌고 빠지는 것도 충분히 컨트롤 할 수 있어요. 저는 66kg 이하가 되면 조금 찌우고 70kg 이상 되면 살을 뺍니다. 적당한 몸을 유지하고 있어야 병에 잘 걸리지 않기 때문에 이 정도는 자기 스스로가 다스릴 수 있어야 합니다. 아무튼 스스로를 다스릴 수 있어야 참나를 찾았다고 할 수 있습니다.

참나를 찾게 되면, 둘째 무집착이 됩니다.

아집과 법집이 없어지고 만사 초연해집니다. 과거심도 불가득이요, 현재심, 미래심도 불가득입니다. 헛된 욕심, 허욕이 없어지고, 삼독심에 끄달리지 않게 됩니다. 참나를 찾은 사람은 자식에게라도 집착할 것이 없습니다. 우가이정(遇佳離靜)이라, 만나면 좋고 헤어지면 고요합니다.

무집착이란 말은 허욕을 부리지 않는다는 말이기도 합니다. 그저 하는 일에 재미를 느끼고 열심히 살 뿐이지 결과에 대해서 탐닉하지 않습니다. 놀부처럼 결과에 집착해서 멀쩡한 제비 다리를 부러뜨려 복을 받겠다는 무리수를 두지 않는다는 겁니다. 자기 정신이 성성해서 집착을 끊을 때는 확실히 끊습니다. 신라의 김유신처럼 기생인 천관의 집을 향하는 애마의 목을 칠 정도가 되어야 합니다. 우유부단해서는 안 됩니다. 참마대성(斬馬大成), 말의 목을 침으로써 나중에 크게 이루었다고 하지 않습니까. 그런데 그 집착이 얼마나 질기고 질긴지 천관을 잊지 못한 김유신은 노후에 천관이 살던 집터에 절을 짓고 그녀의 이름을 따 천관사라고 했다고 하니…, 그렇게 집착을 완전히 끊어내기가 쉽지 않습니다. 스님들이 모든 가족의 반연을 끊고 출가하지만, 다시 세속으로 돌아가는 경우도 70%가 넘습니다. 왜 그런가? 공부가 덜 되어, 즉 참나를 찾지 못해서, 무집착이 안 되어서 그렇습니다.

참나를 찾게 되면, 셋째 자존감(自存感)을 갖게 됩니다.

자존감이란 깨어있음입니다. 자기가 하고 있는 일에 항상 깨어 있으면, 스스로 보람을 느끼며 살아가게 되죠. 우리는 어디에 있든지 객으로 살아서는 안 됩니다. 무엇이든, 긍정적으로 재미있게 해야 합니다.

가정에서도 자존감은 꼭 필요합니다. 있으나마나 하는 존재가 되어서는 안 돼요. 인생의 노숙자가 되면 살맛이 없습니다. 절에 와서 가족을 위해 기도하는 것도 자존감입니다. 자기가 있으니까 가속을 위해 할 일을 다 할 수 있는 것이지요. 스스로의 존재감은 스스로 찾아야 합니다. 우리절에 노보살님 한 분은 축원비를 봉투에 딱 넣어서 제게 가끔 편지를 쓰곤 하시는데, 자기의 자존감을 그대로 과시합니다.

'손녀가 취직을 해야 합니다. 손자가 대학을 가야 합니다. 제가 기도를 열심히 하고 있는데 스님도 기도 좀 해 주십시오.'

그렇게 아들, 손자를 낱낱이 다 열거하면서 기도 축원을 얼마나 많이 하시는지 기도 자체가 그대로 본인의 자존감이라는 것을 알 수가 있을 정도입니다. 자식을 위해서, 손자 손녀를 위해서 기도하는 것은 자기 위치를 스스로 찾는 일이며, 그게 바로 자존감입니다.

불자들이 기독교나 가톨릭 신자들보다 자존감이 많이 떨어지는 것이 사실입니다. 자신있게 '나는 불자다' 라고 말을 못해요. 기독교나 가톨릭의 사람들은 자신있게 자신의 종교를 말하고 봉사도 하는데 유독 우리 불자들은 그렇지가 못해요. 그런 면에서 우리 절은 자존감의 도량입니다. 우리절 한국불교대학 大관음사가 모든 불자에게 그대로 자존감을 줍니다. 한국불교대학 大관음사에 다니는 분들은 모두 열심히 공부하고 모두 열심히 정진하고 모두 열심히 봉사하고 있어요. 고로 모두 자존감을 갖고 있습니다. 우리 절처럼 합동적인 참나, 전체적인 참나, 대중적인 참나, 즉 집단적으로 참나가 형성되어 있으면 그 뭉친 참나는 너무나 큰 힘을 발휘하게 됩니다. 한국불교대학이 이렇게 발전한 것도 신도 한 분 한 분의 참나가 다 단합했기 때문입니다. '불교도 할 수 있구나, 모든 신도들이 힘을 합치니까 우리 불교도 되구나!' 하는 것을 보여준 것이지요.

우리 한국불교대학의 성장을 보면서 많은 불교인들이 힘이 난다고들 합니다. 그렇게 불자들의 자존감을 높이는 데는 우리 한국불교대학 大관음사만 한 절도 없어요. 그것은 우리 한국불교대학이 더욱더 발전해야 하는 이유이기도 합니다.

참나를 찾게 되면, 넷째 두렵지 않게 됩니다.

참나를 찾으면 반야심경에서 말하는 무유공포가 됩니다. 공포심, 즉 두려운 마음이 없어집니다. 대들보가 내려앉아도 두려울 일이 없습니다. 어떤 상황이 닥쳐도 눈만 꿈벅꿈벅할 뿐입니다.

요즘 현대인들은 공연히 불안하다고 하고 스트레스를 많이 받는다고 합니다. 그런데 참나를 찾으면 무슨 일을 하든지, 어떤 상황이 닥치든지 두렵지가 않습니다. 경주에 지진이 일어났을 때 많은 사람들이 겁을 먹고 경주에 오지를 않았습니다. 경주의 지진도 문제지만 경주 월성원자력이 터질까봐 많은 사람들이 겁을 먹었는데 저는 전혀 두렵지 않았습니다.

작년 10월, 태풍 차바가 왔을 때 마침 우리 한국불교대학 대구 큰절 제26기 보살님들의 1박2일 명상힐링캠프가 예정되어 있었는데, 많은 비가 내려서 그만 새로 짓고 있던 문수전 언덕이 산사태가 나서 세계명상센터가 말이 아니었습니다. 그런 상황에 명상힐링캠프에 참가한 26기 신도님들께 겁이 나지 않으냐고 물어 봤더니, 겁이 하나도 안 난다고 그래요. 26기면 불교대학에 입학해서 공부한 지 20년이 넘었으니 아마도 그만큼 공부가 익어서 그럴 것입니다.

또 다른 얘기입니다만, 우리나라 사람들은 1700년 불교의 피가 흘러서 그런지 정말 겁이 없습니다. 세계 모든 언론들이 한국에서 곧 전쟁이 날거라고 해도 정작 한국 사람들은 눈도 깜짝 하지 않습니다. 일본, 미국대사관에서는 대한민국에 살고 있는 자기 나라 국민들에게 한국에 곧 전쟁이 날 수도 있으며, 만약 전쟁이 나면 어떻게 대피해야 하는지도 전달했다고 합니다. 외국인들은 그 정도로 나약하지만 우리나라 사람들은 눈도 깜짝하지 않으니 다 참나를 찾은 것 같습니다. 대중적, 집단적 참나의 드러남입니다.

참나를 찾게 되면, 다섯 번째 니르바나에 이릅니다.

니르바나는 지극한 평온, 상대를 짓지 않는 최상의 절대 행복입니다. 우리는 다 행복을 추구합니다. 그런데 세상의 행복은 밖에서 넣어줘야만 얻는 행복입니다. 돈, 좋은 집, 좋은 자동차, 좋은 친구 등, 즉 조건적 행복입니다. 또한 남과 비교하여 내가 앞서고 있다고 느끼거나 또는 내가 이겼다고 생각이 들 때 행복합니다. 즉 상대를 지어서, 누구를 상대해서, 상대가 있어서 얻는 행복이 세속적 행복입니다.

그런데 니르바나의 행복은 그런 것이 아닙니다. 한국불교대학 大관음사에 69세부터 19년 동안 다니셔서 이제 88세가 되신 한

보살님이 제게 '아무것도 바랄 게 없습니다. 지금 현재 참 행복하고, 마음은 지극히 평온합니다. 이제는 죽음도 두렵지 않습니다' 하고 말씀하신 적이 있었습니다. 보살님의 말씀을 들어보니, 보살님의 생활이 곧 수행이었습니다. 평소, 예수재 기도처럼 절에서 다같이 하는 기도에 동참함은 물론이고, 배운 대로 집에서도 열심히 수행하셨다고 하니, 노보살님이 아주 멋있게 산다는 느낌을 받았습니다.

어느 한 노보살님의 이야기지만 우리절의 노보살님들의 얼굴을 보노라면 그분들의 얼굴에서 평온함을 느낄 수가 있어요. 모두가 참나를 찾으시고 니르바나에 이르신 분들입니다. 지극한 평온, 바로 마음 가운데서 솟아나는 최상의 행복, 절대 행복을 이미 구가하고 계신 분들입니다.

참나를 찾게 되면, 여섯 번째 일을 부리게 됩니다.

뜻과 같이 모든 게 원만하니 하고자 하는 바를 성취합니다. 일을 부린다는 것은 내가 일의 주체자이지, 절대 억지로 끄달려 다니면서 힘들어 하지는 않는다는 것입니다.

명력력 로당당(明歷歷 露堂堂)! 역력히 밝아있고 당당히 드러나 있는 그 무엇이 있는데, 그게 바로 참나입니다. 그래서 세상의 일은 그 참나가 하자는 대로 쉽게 되어 갑니다. 그리고 한 사람, 한 사람 참나의 원력들이 합해지면 아주 불가사의한 기적을 만들어

냅니다.

한국불교대학 大관음사가 25년의 짧은 역사 속에서 지금껏 역사적 유래를 찾아볼 수 없는 엄청난 불사를 이루어 낸 것을 보고 모든 사람들이 이것은 한국불교 발전의 모델이자 기적이라고 말합니다. 우리절만 한 것이 전국에 몇 개만 있어도 한국불교 전체가 변할 것이라는 말을 합니다. 그도 그럴 것이, 전셋집에서 시작해서 학교, 병원, 복지법인, NGO, 스님들 선방, 세계명상센터, 국내외 많은 도량의 건립은 참으로 기적입니다. 그것은 모두 지금까지 우리가 일을 부리며 즐겨왔기 때문에 이룰 수 있었던 것입니다. 그리고 이것은 지금도 진행형입니다.

지금 우리는 모두가 열심히 수행하고 있고, 참나를 찾은 우리 수만 신도들이 이 세상을 불국토화 하려는 원력으로 똘똘 뭉쳐 있습니다. 열심히 기도정진 하다보면 참나가 드러나게 되고 참나의 힘으로 하고자 하는 일이 척척 다 이루어집니다. 우리는 다 '참나'를 찾았으므로 우리가 원하는 대로 일을 부리고 성취합니다. 참나의 영험입니다.

참나를 찾게 되면, 일곱 번째 연기적 세계관을 갖습니다.

참나를 찾은 사람은 공동체 의식이 분명합니다. 법성게의 일즉일체다즉일(一卽一切多卽一) 일중일체다중일(一中一切多中一)처럼 내가 곧 전체이자 전체가 곧 나이며, 나 속에 전체를 받아들이고, 전체 속에 나를 밀어 넣는 인드라망적 깨달음을 갖고 있으면 참나를 찾은 것입니다.

사실, 세상은 로빈슨 크루소처럼 무인도에서 살듯이 그렇게 살아갈 수 없습니다. 세상은 본래로 시간적, 공간적으로 모든 존재들이 연기하고 있기 때문입니다. 즉 온갖 관계로 인연되어져 있지요. 그래서 공생(共生), 공영(共榮), 공행(共幸)입니다. 즉 함께 살고 함께 번영하고 함께 행복해야 합니다. 참나를 찾으면 내가 하는 일거수일투족이 온 세상에 영향을 미친다는 확신이 생깁니다. 내가 하는 봉사 활동, 임원진 활동, 포교가 온 세상에 다 퍼져나갑니다. 스스로도 좋고 한국불교대학은 물론, 세상이 다 좋아집니다.

제가 감포도량에 있다가 초하루에 대구큰절에 와서 법문하는 것도 제게 무슨 욕심이 있어서가 아닙니다. 그저 '세계일화(世界一花), 세상이 다 하나이고 세계가 다 한 꽃이니 한국불교대학 大관음사의 일원으로서, 법문하는 것으로라도 불국토를 만드는 데 좀 거들어야지' 라는 생각에서 법문하는 것입니다.

'나와 한국불교대학은 하나' 라는 생각을 가진 분들이야말로 참나를 찾은 분들입니다. 이렇게 참나를 찾은 분들이 포교해주시고 봉사해주시고 불사에 동참해주시니 우리절이 튼튼하고 건재한 것입니다.

- 참나를 발견했느냐고 어디 가서 물어볼 것도 없다. 스스로 생각하였을 때 여기 일곱 가지를 완벽하게 성취하였으면 참나를 완벽하게 찾은 것이고, 여기 일곱 가지 가운데 반만 성취하였다면 참나를 절반만 찾은 것이다.
- 참나 = 나(나를 찾는 도량) = 참자아 = 자기 = 영원한 자기 자신 = 自性佛 = 본래면목 = 주인공

내가 참나를 찾았는가, 찾지 못하였는가는 스스로 생각해보면 알 수 있습니다. 누구보다 자기 자신이 자기를 가장 잘 알기 때문이죠.

나는 내 스스로를 잘 다스리는가!
나는 집착함이 없는가!
나는 자존감을 갖고 있는가!
나는 두렵지 않은가!
나는 니르바나에 이르고 있는가!
일을 부리고 있는가!
연기적 세계관을 갖고 있는가!

이 일곱 가지를 모두 성취하였다면 바로 참나를 찾은 것입니다.
감포도량 요사채 중에 '나를 찾는 도량'이 있는데 이때의 '나'는 '그냥 나', '가짜인 나'가 아니라 '참나'를 말해요. 그것을 다른

말로 하면 '참자아', '자기', '영원한 자기 자신', '자성불' 입니다. 자성불, 즉 자기 부처님이 온전해야 우주에 가득 차 있고 우주 변방에 계신 부처님이 그 속에 들어오는 겁니다. 가짜인 '나'에는 들어오지 않아요. '참나' 속에 부처님이 들어오는 거죠.

'자귀의자등명(自歸依自燈明), 자기 자신을 의지하고, 자기 자신을 등불로 삼아라' 라고 하는 부처님의 마지막 말씀이 그냥 나온 말씀이 아닙니다. 이때의 '자기 자신' 또한 참나를 뜻하는 것입니다.

참나를 찾으려면

(1) 참회, 수행 – 옴 살바 못자모지 사다야 사바하
(2) 업장소멸기도 – 옴 아르늑게 사바하
  - 관음정근, 금강경(제16 能淨業障)
  - 사경, 독송, 정근, 예불, 예수재기도
(3) 참선 – 선관쌍수(禪觀雙修)(불이득력, 관불삼매, 오온법신, 선관쌍수)
  - 몰아(沒我)적 체험이 있어야 한나(心滅人無). 지심귀명례도 몰아적 체험의 한 부분이다.

그렇다면 참나를 찾으려면 우리는 어떻게 해야 되는가?

첫 번째는 참회 수행을 해야 합니다.

두 번째는 업장소멸 기도를 해야 합니다.

세 번째는 참선을 같이 해야 합니다.

'옴 살바 못자 모지 사다야 사바하', 참회진언이지요. 내 안의 참나를 찾기 위해서는 일단 참회하는 생활이 되어야 되는데, 참회하는 수행은 108대참회문을 읽으면서 하는 것이 제일 수월하고 곧바로 갈 수 있는 길입니다.

'옴 아르늑게 사바하', 멸업장진언이죠. 업장을 소멸하기 위해서는 이런 진언도 하고 기본적으로는 『금강경』을 빠지지 않고 매일 독송하고, 관음정근도 하루에 30분에서 1시간 정도 해야 합니다. 그래서 업장소멸만 해버리면 참나는 저절로 드러나게 되어 있습니다.

그다음, 참나를 찾으려면 참선수행이 꼭 필요합니다. 참선에는 여러 가지 방법이 있지만 제가 늘 하고 있는 수행법, 선관쌍수가 아주 좋습니다. 참선에 '몰아적 체험'이 있어야 한다고 했는데 몰아적 체험이란 나를 완전히 잊을 만한 그런 수행의 체험으로써 그런 경지로 들어가는 것을 의미합니다. 몰아적 체험, 즉 마음도 없어지고 사람도 없어지는 그런 경지에 들어가는 체험이 있었을 때 거기서 참자아가 우뚝 드러납니다. 지심귀명정례하고 지극정성 기도 참선 했을 때, 또는 나라고 하는 것이 완전히 없어졌을 때 비로소 참나가 나타납니다.

참나가 드러남으로써 일을 부리게 되고 소원성취 한다고 하였지만, 이는 자기 자신을 없애버린 아주 지독한 정진의 힘 속에서 부처님이 나타나서 가피를 내리는 것이지요. 그것을 일러 우리는 '참자아가 드러났다' '참나가 드러났다' 이렇게 말하는 것입니다.

> **自己點檢(자기점검), 스스로의 점검**
>
> 家有無主而空家(가유무주이공가)
> 雖客多去來虛事(수객다거래허사)
> 主有而家須有價(주유이가수유가)
> 家裏今汝眞主不(가리금여진주부)
>
> 집은 있으되 주인 없으면 빈집
> 객 아무리 많이 들락거려도 헛일
> 주인 있어야 집 반드시 가치 있나니
> 집 속의 지금 너는 진정 주인인가.

오늘 초하루를 맞아 몸뚱어리라고 하는 내 집 속에 '가짜의 나'가 들어앉아 있는가, 아니면 의식이 또렷또렷한 금강상사 또는 반야지혜, 참나가 들어앉아 있는가, 부디 깊이 생각해보는 시간을 가져보시기 바랍니다.

관세음보살.

淸淨卽心是佛寶(청정즉심시불보)
光明卽心是法寶(광명즉심시법보)
平和卽心是僧寶(평화즉심시승보)
我本來恭敬三寶(아본래공경삼보)
佛法僧卽是一體(불법승즉시일체)

청정한 즉 마음이 불보요,
밝은 즉 마음이 법보요,
평화스러운 즉 마음이 승보이니
나 본래 공경스러운 삼보일세.
불·법·승이 곧 한 몸!

無一 우학 스님의 한시
自性三寶論(자성삼보론)

백팔대참회문 특강(3)
2017.6.24. 음력윤5월 초하루

백팔대참회문 특강 세 번째 시간, 살펴볼 부분은 귀의불, 귀의법, 귀의승입니다.

> 歸依佛(귀의불) 불에 귀의합니다.
> 歸依法(귀의법) 법에 귀의합니다.
> 歸依僧(귀의승) 승에 귀의합니다.

귀의불, 귀의법, 귀의승 대신 나무불(南無佛), 나무법(南無法), 나무승(南無僧)이라고도 말합니다. '귀의(歸依)'라는 말이 '나무(南無)'라는 말과 똑같습니다. 그리고 귀의불, 귀의법, 귀의승을 줄여 '불법승 삼보'라고 말합니다. 그래서 귀의불, 귀의법, 귀의승은

'삼보에 귀의한다'는 뜻으로써 귀의삼보(歸依三寶), 삼귀의(三歸依) 이렇게도 말합니다. 삼귀의를 한자 뜻 그대로 풀어보면, '세 가지에 돌아가 의지한다, 세 가지를 믿고 의지한다'는 뜻입니다.

우리가 초하루든 지장재일이든 법문 시작 전에는 항상 "삼귀의가 있겠습니다." 하고 사회자가 알려줍니다. 그러면 다같이 찬불가 삼귀의를 부르지요. 이때 부르는 삼귀의가 앞에서 말한 삼보에 귀의한다는 의미로서 노래로 부르는 것이지요. 또 삼귀의는 천수경에도 나옵니다.

발원이귀명례삼보(發願已歸命禮三寶, 발원을 마치고 삼보께 귀의함.)
나무상주시방불(南無常住十方佛)
나무상주시방법(南無常住十方法)
나무상주시방승(南無常住十方僧)

여기서는 '귀의'라는 말 대신에 '나무'라는 말을 썼네요.

삼귀의는 무지 중요합니다. 어느 정도로 중요한가? 한마디로 삼보에 귀의하지 않으면 불자가 되지 못합니다. 그리고 불공조차 드릴 수가 없어요. 그래서 사시에 드리는 불공의식을 삼보통청(三寶通請)이라 말합니다. 삼보통청이란 '불법승, 삼보님을 두루두루 다함께 청한다'는 말입니다. 스님들이 가지고 있는 의식집 사시불공 편에 삼보통청이라고 쓰여 있는 것을 볼 수 있는데 불법승 삼보를 두루두루 청하는 의식이 사시불공이라는 말인 것이지요.

> **삼보통청(三寶通請) - 사시불공**
>
> 나무 불타부중 광림법회(南無 佛陀部衆 光臨法會)
> 나무 달마부중 광림법회(南無 達摩部衆 光臨法會)
> 나무 승가부중 광림법회(南無 僧伽部衆 光臨法會)

삼보통청에서 천수경이 끝나고 나면 거불(擧佛)을 하죠. 아마 불자님들은 사시불공 때 한번쯤 따라해 보셨을 것입니다.

뜻을 보면, 나무는 '귀의하옵나니' 불타부중은 '부처님들이시여' 광림법회는 '이 법회에 광림하소서' 즉 '빛으로 임하소서' 라는 말입니다. 불타(佛陀)는 붓다(buddha)의 음역이고, 광림(光臨)은 예를 다해 '어서 오십시오' 라는 뜻입니다. 그래서 이 말을 연결하여보면 '귀의하옵나니 부처님들이시여, 이 법회에 어서 오십시오' 또는 '귀의하옵나니 부처님들이시여, 이 법회에 빛처럼 나투소서' 이런 뜻이 됩니다.

달마부중의 달마(達摩)는 다르마, 즉 진리의 음역입니다. 그래서 나무 달마부중 광림법회는 '진리님들이시여, 이 법회에 광림하소서' 이라는 뜻이고, 세 번째 나무 승가부중 광림법회는 '승가님들이시여, 이 법회에 광림하소서' 라는 뜻입니다.

이 거불의 전체 핵심은 '삼보님 어서 오십시오, 빛처럼 나투소서' 라고 하는 것입니다. 불법승 삼보만 오시면 사실 불공은 끝입니다. 삼보님만 오시면 이미 공양은 다 올려진 것이고, 우리 중생들은 부처님한테 하소연할 것만 하면 됩니다. 그 하소연이 기도요, 축원이지요. 그래서 가만히 들어보면 삼보통청, 삼보님을 다 두루 청해 놓고 맨 끝에, '참선자는 의단독로, 간경자는 혜안통투, 염불자는 삼매현전, 사경자는 소원성취, 주력자는 업장소멸…, 학업자는 학업원만성취, 시험자는 시험무사합격, 병고자는 속득쾌차, 구혼자는 속히혼인, 가정불화자는 가정평온 그리고 단명자는 수명무병장수' 라고 스님들이 축원을 합니다. 이것이 바로 삼보통청 안에 삼보님을 두루두루 청해 놓고 끝에 우리의 속사정을 다 얘기하는 것입니다. 그리하여 마지막에 '기도자는 다 기도 각각 여의 원만 성취케 하소서' 라고 마무리하는 것입니다.

아무튼 우리는 삼보님을 의지해서 삼보님을 믿기 때문에 이런 축원이 가능한 것이지요. 그만큼 사시불공의 삼보통청은 굉장히 중요합니다.

그런데 왜 하필 우리는 삼보를 믿고 의지할 수밖에 없겠습니까? 왜 삼보를 믿고 의지할까요?

왜 삼보를 믿고 의지 하는가?

① 삶이 좀 수월하기 때문이다.
② 삶이 좀 더 행복해지기 때문이다.
③ 참 나를 찾을 수 있기 때문이다.

우리가 삼보를 믿고 의지하면 첫째, 삶이 좀 수월합니다. 사바세계를 사는 게 참 힘이 듭니다. 고해(苦海)라고 하지요. 이 고통의 바다를 혼자 자맥질을 해서 건너가야 한다면 얼마나 힘이 들겠습니까? 그런데 삼보의 배를 타고 건너가면 아주 수월해 집니다. 우리는 무조건 이 고해의 바다를 건너가기는 가야 하는데 우리 중생들은 업장이라고 하는 무게 때문에 물에 들어가면 돌처럼 그냥 쑥 가라앉아 버려요. 그런데 물에 바로 가라앉는 그 돌을 배에 실으면 이 언덕에서 저 언덕, 이 중생의 언덕에서 저 부처님의 언덕, 이 차안(此岸)에서 저 피안(彼岸)으로 간단하게 갈 수가 있게 됩니다. 바로 부처님 불법승 삼보의 배에 '나' 라고 하는 이 업장 덩어리, 차돌보다 더 똘똘 뭉쳐진 업장 덩어리, 업장 차돌을 싣고 가면 수월하게 갈 수 있게 되는 것입니다. 그치럼 삼보를 믿고 의지하면 분명히 삶이 수월해집니다. 그래서 모두가 절에 와서 기도를 하고, 공덕을 짓는 것이지요.

둘째, 우리가 삼보를 믿고 의지하면 삶이 좀 더 행복해집니다.

영어로 Happiness라고 하지요.

　불자가 행복해지려면 불법승 삼보를 잘 믿으면 된다는 말인데 우리가 경전 공부를 하다보면 처음에는 잘 몰랐지만 차차 행복함을 느끼게 됩니다. 또 부처님 전에 와서 제대로 기도하는 사람들에게는 그보다 더 행복한 게 없어요. 참선하는 것도 마찬가지예요. 참선하다보면 참 행복해집니다. 이러한 행복한 마음을 임종 순간, 임명종시에도 놓치지 않는다면 삼보에 귀의하는 일이 됩니다. 돌아가실 때도 불법승 삼보를 생각하면서 편안한 마음으로 '우리 삼보님이 다 알아서 해주시겠지' 하는 믿음만 가지고 계시면 그분은 분명히 극락길을 가실 것입니다.

　그래서 불자가 삼보를 지극정성 믿고 모신다는 것은 바로 현재 내 삶의 질을 업그레이드 하는 것입니다. 더 나아가서는 다음 생까지도 생각하는 행복의 길인 것입니다. 그렇기 때문에 우리는 불법승 삼보를 믿고 수행하고 공부하면 행복해집니다.

　셋째, 삼보를 믿고 의지하면 참나를 찾을 수 있게 됩니다. 우리가 삼보를 믿고 의지하면 어떤 식으로든지 수행이 됩니다. 삼보를 믿지 아니하면 수행이 안 됩니다. 삼보를 믿고 의지하면서 수행을 하면 탐·진·치라고 하는 가짜인 나로부터 주인공이 아주 성성한 진짜 나, 즉 참나를 찾을 수 있습니다. 가짜인 나로부터 벗어나서 진짜인 나를 만날 수 있다는 말이지요. 즉 참나를 찾음에 있어서도 전제 조건은 삼보를 잘 믿고 의지해야 된다는 말입니다. 그래서 모든 불자들은 우선 삼보를 믿고 의지하는 마음이 있어야 합니다. 믿음은 곧 뿌리, 즉 신근(信根)입니다.

"믿음의 뿌리가 튼튼하면 보살의 꽃을 피우고, 보리의 열매를 거둔다."

세계명상센터가 있는 감포도량 마당에 두 그루의 보리수나무가 서 있는데, 뿌리가 얼마나 튼튼한지 그 밑뿌리에서 새로운 어린 나무가 많이 올라와 있습니다. 그래서 늦가을이 되면 이 어린 나무를 포기 나누기를 해서 보리수 동산에 다시 옮겨 심을 생각입니다. 한 달여 전에는 꽃도 피었는데 온 도량, 법당 앞과 육각전 앞은 말할 것도 없고, 무문관 선방까지 보리수 꽃향기가 전해져 왔어요. 처음에 제가 이 꽃향기를 맡고, 어디서 오는 꽃향기인가 하고 따라서 나가 보니 바로 나를 찾는 도량 마당에 서있는 보리수나무의 꽃향기였던 것이었습니다. 얼마나 은은하고 향기로운지 저는 태어나서 그렇게 좋은 꽃향기를 맡아보기는 처음이었어요. 그때 보리수나무는 주위의 모든 존재들의 마음을 참으로 좋게 했어요. 그러니 벌, 나비들이 많이 찾아들겠지요. 그처럼 주위의 모든 존재들을 기쁘게 한다면 그것은 보살의 꽃입니다. 바로 보리수나무 뿌리가 튼튼하니까 보살의 꽃을 피울 수가 있는 것이겠지요.

그런데 또 엊그제는 열매가 아주 조롱조롱 달렸어요. 보리의 열매, 깨달음의 열매가 조롱조롱 아주 많이 달렸어요. 말 그대로 보리수열매죠. 그래서 올해는 108 보리수염주를 100개 이상은 만들 수 있지 않을까 생각을 합니다. 아마 우리절 보살님들은 그걸 어디에 쓸지 궁금해하실 텐데 이 보리수염주는 당연히 포교상으로 드릴 것입니다. 포교 20명 하시면 감포도량에서 딴 보리수열매로 만든 보리자염주를 하나씩 드리겠습니다. 그러니 지금부터 내년 포교를 하시기 바랍니다.

여하튼 보리수나무가 이렇게 잘된 것은 뿌리가 튼튼하기 때문입니다. 뿌리는 그냥 튼튼해지지 않습니다. 거름과 물을 늘 신경 써서 줘야합니다. 뿌리는 거름과 물이라는 자양분을 먹고 살기 때문이죠. 요즘처럼 날이 가물 때는 물 주는 것에 더욱더 신경을 써야 합니다. 그렇지 않으면 뿌리가 상하고 결국에는 나무 자체가 온전치 못하게 되겠지요.

최근 감포도량에 또 하나 명물이 생겼는데 그것이 바로 왕대나무숲입니다. 맹종죽이라고 해서 거제도에서 옮겨 온 아주 대단한 왕대나무들로서 감포도량에서 또 하나의 숲을 이루고 있습니다. 그 숫자가 자그마치 365그루입니다. 365그루를 심은 것은 '나날이 다 좋은 날이 되라. 이 도량에 오는 모든 사람들은 나날이 다 좋은 날이 되고, 기쁘고 광명스러운 날이 되라' 는 뜻에서였습니다. 이 왕대나무숲에도 거름 주는 것은 말할 것도 없고, 거의 매일처럼 물을 줍니다. 그래서 지금은 뿌리가 아주 잘 내린 것 같아요.

이처럼 식물이 잘 자라려고 하면 뿌리가 튼튼해야 합니다. 뿌리가 튼튼하려면 거름과 물을 충분히 줘야합니다. 그렇다면 불자들의 신근, 믿음의 뿌리가 튼튼하려면 식물에 해당하는 거름과 물이 필요한데 그게 무엇이겠습니까? 믿음의 뿌리가 튼튼해지려면 우리 불자들에게 무엇을 줘야 믿음의 뿌리가 튼튼해지겠습니까? 이 물음에 대한 답이 경전에 있는 것은 아닙니다. 하지만 저의 경험과 많은 불자들을 보면서 내린 결론은 단언하건대 거름과 물은 불교공부와 법문입니다.

일주일에 한 번씩 절에 와서 하는 불교공부가 아주, 중요합니다. 그리고 간간히 있는 법문 역시 대단히 중요합니다. 이 법문과 일주일에 한 번 있는 불교공부만 놓치지 않는다면 신심의 뿌리가 튼튼해져요. 그러면 보살의 꽃을 피우고 보리의 열매를 분명히 맺을 수 있습니다.

본인 스스로 한번 생각해 보십시오. 예전에는 불교대학에 공부하러 잘 다녔는데, 어느 날 무단히 바람이 들어서 잘 안 나오다가 초하루 같은 재일에나 가끔 나오는 분, 또는 '윤달 초하루니까 회주 큰스님이 선방에서 오시려나?' 하고 저를 보시려고 어쩌다 오시는 분도 있을 겁니다. 그렇게 해서는 믿음의 뿌리가 약해져서 안 돼요. 그 옛날 열심히 공부하러 다닐 때, 얼마나 환희심이 나고 세상

모든 것을 다 얻은 듯한 기분이었는지 기억해 보십시오. 그런 기분을 다시 찾아야 해요. 그러려면 공부하러 절에 꼬박꼬박 나오고 아울러서 재일도 꼭 동참해서 법문을 부지런히 청취하면 곧 환희심 나던 그때로 돌아갈 수가 있습니다. 그래서 이 세상을 불국토화 하는 데 앞장서는 엘리트 불자가 되셔야 합니다. 불교공부를 하지 않고 엘리트 불자라는 소리를 듣겠습니까? 공부하기 때문에, 법문을 듣기 때문에 엘리트 불자라는 소리를 듣는 것이지 그 이외에 다른 것은 없어요. 사회적으로도 마찬가지입니다. 세속적으로 엘리트 집단이라고 하면 공부를 많이 한 사람들의 집단인거죠. 불교공부를 하고 법문을 들음으로 신심이 일어나는 것이지, 그냥 일어나지는 않습니다. 그러므로 불교공부와 법문을 들을 수 있는 법회는 무조건 동참해야 되는 겁니다.

오늘부터 다음과 같이 다짐해보십시오.

"나는 일주일에 한 번 있는 공부시간을 절대로 빠지지 않겠습니다. 초하루 법문, 예수재 법문, 백중 법문, 꼬박꼬박 잘 듣겠습니다."

이것은 여러분 자신을 위해서 하는 것입니다. 그러니 지금 하신 다짐, 꼭 지키시기 바랍니다. 아무튼 믿음은 불자의 신행활동에 있어서 곧 뿌리입니다.

(1) 信根(신근) 믿음은 곧 뿌리이다.
(2) 信爲道元功德母(신위도원공덕모) 믿음은 도의 으뜸이요, 공덕의 어머니라.『화엄경』
(3) 無信不應(무신불응) 믿음 없으면 응답 없다. - 無一 우학
(4) 有信必應(유신필응) 믿음 있으면 반드시 응답 있다.
  - 無一 우학
(5) 불휘 기픈 남간 바라매 아니 뮐쌔 곶 됴코 여름하나니.
  『용비어천가(1445)』

위의 말씀들이 모두 믿음에 대해 얘기입니다.

먼저 (1)번 믿음은 곧 뿌리라는 것에 대해서는 앞에서 살펴보았고, (2)번 '믿음은 도의 으뜸이요, 공덕의 어머니라' 이는 『화엄경』에 나오는 말씀입니다. 그다음 (3)번 '믿음 없으면 응답 없다' 이 말은 누가 한 말인지 아십니까? 바로 제가 한 말이죠. (4)번 '유신필응, 믿음 있으면 반드시 응답 있다' 이 역시 제가 한 말입니다. 그다음 (5)번, '불휘 기픈 남간 바라매 아니 뮐쌔 곶 됴코 여름하나니' 라고 하는 말은 '뿌리 깊은 나무는 바람에 아니 흔들리므로 꽃이 좋고 열매가 많다' 는 뜻입니다. 이는 조선왕조의 창업에 대해 한글로 노래한 용비어천가의 첫 문장입니다. 여기에서 뿌리가 깊다는 것 역시 뿌리가 튼튼하다는 얘기죠.

세속적으로도 그러하지만 불교는 더욱더 그러합니다. 불교의 믿음이라는 것은 삼보에 대한 믿음입니다. 삼보에 대한 믿음, 이것이 바로 우리 신행활동에 있어서 뿌리인 것입니다. 그래서 그 뿌리가 튼튼하면 용비어천가에 나오는 것처럼 꽃도 좋고 열매도 많이 열리게 되는 것입니다. 반대로 뒤집어보면 우리 불자가 삼보에 대한 믿음이 없으면 아무것도 되는 일이 없겠지요.

이렇게 불자라면 삼보에 대한 믿음이 충실해야 한다고 하였는데, 과연 삼보는 구체적으로 무엇인가? 삼보에 대한 믿음이 있어야 한다면서 삼보에 대해서 아무것도 모르고 무조건 믿으라고 할 수는 없겠죠.

일단, 삼보(三寶)를 한자 그대로 직역하면 '세 가지 보물'이라고 했어요. 이것까지는 모두 이해하는데 구체적으로 얘기하게 되면 말하는 사람마다 다 달라요. 그래서 삼보에 대한 개념을 이번 기회에 확실히 알려드리겠습니다.

예전에도 삼보에 대해 정리해 놓은 것이 있지만 요즘 시대에 맞지 않고, 또한 설명이 상당히 헷갈려요. 그러한 것을 현실적으로 모든 사람들이 쉽게 이해할 수 있도록 제가 정리하여 체계를 세웠습니다. 그래서 '無一의 삼보 정리'라고 이름을 붙였습니다.

다음 79쪽의 표를 다같이 보시겠습니다.

無一의 삼보 정리

먼저 첫 번째 칸을 위에서 아래로 보면 차례로 ① 광의 삼보, ② 일반 삼보, ③ 현전(現前) 삼보, ④ 자성 삼보(마음 삼보)라고 되어 있습니다. 삼보를 이렇게 크게 네 가지로 나누어 볼 수 있겠습니다.

삼보	佛(불)	法(법)	僧(승)
① 광의 삼보 (새법요집 p64)	깨달은 분(성인)	진리 말씀	화합공동체(六和)
② 일반 삼보 (새법요집 p106)	석가모니 부처님 ※복덕, 지혜 구족의 높으신 분, 부처님께 귀의합니다.	석가모니 부처님의 가르침 ※탐욕 떼어 놓는 높으신 법문, 가르침에 귀의합니다.	법력 높으신 스님 ※여러 많은 사람 중에 법 높으신 수행자, 스님들께 귀의합니다.
③ 현전(現前) 삼보	눈앞의 조성된 부처님	경율론 삼장	출가 스님
④ 자성 삼보 (마음 삼보)	청정(淸淨) ↔ 탐(貪)	광명(光明) ↔ 치(痴)	평화(平和) ↔ 진(瞋)

1. 광의 삼보

   • 佛寶(불보) : 깨달은 분(성인)

   • 法寶(법보) : 진리 말씀

   • 僧寶(승보) : 화합공동체(六和)

광의 삼보라고 하는 것은 넓은 의미로서의 삼보의 개념입니다. 부처님만 깨달았다고 하면 그것은 독단입니다. 이 세상에는 석가모니 부처님 이외에도 깨달으신 분이 많습니다. 대표적으로 노자, 공자, 예수 이런 분들이 있지요. 그분들도 사실 대단한 분들입니다. 깨달은 분들이죠. 광의 삼보적 입장에서는 그런 분들도 다 불보, 즉 부처입니다.

노자, 공자, 예수가 왜 대단한가? 그분들이 하신 말씀이 무엇이기에 성인이라고 하는가? 제가 몇 가지 예를 들어 드리겠습니다.

"도가도비상도(道可道非常道), 도를 도라고 말하면 이미 도가 아니다."

이 말은 도교의 교조(敎祖)인 노자(老子)의 말씀으로 개념을 짓는 순간에 이미 본질과는 멀어진다는 말입니다. 대단한 말씀이지요. 불교적인 생각과 비슷해요.

"조문도석사가의(朝聞道夕死可矣), 아침에 도를 들으면 저녁에 죽어도 좋다."

이는 공자(孔子)의 말씀으로 무문관에서 정진하는 스님들은 곧 죽어도 좋으니 도만 깨치면 된다고 생각하는 것과 같은 맥락입니다. 우리가 모두 알다시피, 공자는 유교(儒敎)의 시조(始祖)인데, 공자가 하신 이 말씀도 불교적 생각과 비슷해요.

"나는 길이요 진리요 생명이다."

이것은 예수의 말씀입니다. 여기에서 '나'가 예수 본인만, 즉 예수인 내가 길이요, 진리요, 생명이라고 한 것이라면 예수의 가치를 떨어뜨리는 것입니다. 이때 나는 '참나'입니다. 누구에게나 있는 참나는 길이요, 진리요, 생명이라고 하는 것이 바르게 '나'를 표현하는 길이 됩니다. 예수의 말씀도 대단하지요. 그렇게 깨달은 분들의 말씀은 충분히 법보가 될 만합니다.

반면 우리 부처님의 수많은 말씀 중에서 대표적인 진리의 말씀에는 어떤 것이 있을까요?

먼저 일성(一聲), 부처님의 첫 마디입니다.

"천상천하 유아독존(天上天下 唯我獨尊) 삼계개고 아당안지(三界皆苦 我當安之), 하늘 위와 하늘 아래에 오직 내가 홀로 높도다. 삼계가 다 괴로움이니 내 마땅히 이를 편케 하리라."

부처님의 이 말씀에서의 '나'도 '참나'를 말합니다.

"자귀의(自歸依) 법귀의(法歸依) 자등명(自燈明) 법등명(法燈明) 자기 자신에 귀의하고, 자기 자신을 믿고 의지하고, 자기 자신을 등불로 삼아라. 법을 믿고 법을 등불로 삼아라."

이는 부처님의 마지막 말씀이죠. 여기에서의 '자기 자신'도 영원한 자기 자신, 즉 '참나'를 말합니다.

그래서 부처님의 수많은 말씀들 중에서 이렇게 처음과 끝의 말씀만 보더라도 이미 대단한 그 무엇, 진리가 들어가 있는 것을 우리가 알 수 있습니다.

아무튼 부처님은 물론, 깨달은 많은 성인, 성자들도 광의 삼보적 입장에서는 불보가 되고 법보가 됩니다.

그다음, 광의 삼보의 승은 화합공동체를 의미합니다. 우리절이 화합을 잘하지요. 그러니까 화합공동체지요. 화합공동체이므로 우리절은 믿고 의지해야 할 공간이 됩니다. 즉 삼보가 되는 것입니다. 만약 가정이 믿고 의지할 정도로 화합이 잘 되고 따뜻하다면 그 가정이 삼보가 되는 것입니다. 불법승 삼보가 되는 것이지요. 그래서 모든 단체가 다 잘된다면, 화합한다면, 믿고 의지할 만하니까 승보가 되는 것입니다. 그러한 입장에서 광의 삼보의 승보를 이해하시면 됩니다.

그렇다면 화합의 기준이 어디에 있는가? 어떻게 우리는 화합해야 하는가? 그것에 대한 답이 바로 육화(六和)입니다.

육화(六和) - 육화정신(六和精神) = 육화경행(六和敬行)

① 身和同住(신화동주), 몸은 함께 거주함으로써 화합한다.

② 口和無諍(구화무쟁), 입은 다투지 않음으로써 화합한다.

③ 意和同志(의화동지), 생각은 동일한 목표 의지를 가짐으로써 화합한다. ※ 志 = 事

④ 戒和同遵(계화동준), 계(약속)는 같이 따름으로써 화합한다.

⑤ 利和同均(이화동균), 이익은 같이 나눔으로써 화합한다.

⑥ 見和同解(견화동해), 견해는 같이 이해함으로써 화합한다.

대구큰절의 다섯 동 건물 중에서 영대병원네거리에 가장 가까이 있는 건물이 '육화전' 입니다. 이 육화전의 육화가 바로 '육화(六和) - 육화정신(六和精神) = 육화경행(六和敬行)' 에서 나온 말입니다. 한마디로 말하면 여섯 가지로 화합해야한다는 말입니다. 여섯 가지로 화합하면 그 절, 그 집안, 그 단체는 삼보가 될 만합니다.

구체적으로 어떻게 화합하는가 첫째, 신화동주(身和同住), 몸은 함께 거주함으로써 화합하게 됩니다.

옛말에 몸이 멀어지면 마음도 멀어진다는 말이 있습니다. 어쨌거나 자주 만나야 한다는 말이지요. 가족은 말할 것도 없고, 도반도 자주 만나야 화합이 되고, 부처님과도 자주 만나야지 화합이 되는 것입니다. 이렇게 일단 신화동주, 몸을 함께 함으로써 화합할 수 있어야 합니다.

둘째, 구화무쟁(口和無諍), 입은 다투지 않음으로써 화합합니다. 너무나 당연한 말이지요. 그런데 간혹 보면, 싸움닭마냥 입을 쪼아 대고, 시비 걸고, 분란을 일으키는 사람이 종종 있어요. 그래서는 안 됩니다. 어느 곳이든 그 사람만 나타나면, 그 사람이 속해 있는 단체는 삼보의 단체가 되지 못하고 지옥이 되고 말아요. 우리는 그런 사람이 되지 않도록 언제나 입조심을 해야 합니다.

셋째, 의화동지(意和同志), 생각은 동일한 목표 의지를 가짐으로써 화합하게 됩니다. 의화동지(意和同志)의 志(지)를 事(사)로 대신해서 '의화동사(意和同事)'라 해도 됩니다. 같은 의미입니다. 우리가 '불국토를 건설하자' 하고 같은 목표를 가지고 힘을 다 모으다 보면 화합이 되는 거지요. 우리절에도 그와 같은 목표가 있죠. 바로 '천 개 도량을 건립하자, 세계명상센터를 건립하자', 이것이 우리절 4부대중의 같은 목표의지이고, 이러한 공통의 목표의지로 인해 화합이 되는 겁니다. 같은 목표의지를 가짐으로써 화합하는 것, 아주 중요합니다.

넷째, 계화동준(戒和同遵), 계(약속)는 같이 따름으로써 화합합니다. 戒(계)자에는 계율이라는 뜻도 있지만 넓은 의미로 약속입니다. 계는 같이 따름으로써 화합한다, 즉 법칙을 같이 잘 따라야 한다, 꼴통 안 지기고 즉 말썽 안 부리고 잘 따라야 화합한다는 말입니다. '꼴통지기다'라고 하는 말을 절에서는 '괴각 부린다' 이렇게 말하는데 괴각 안 부리고 잘 따르면 화합이 되지요. 그래서 원칙을 정했으면 그 원칙대로, 법칙을 정했으면 그 법칙대로 같이 동조하고 협조해야 합니다. 그래야 화합이 되는 거죠. 그것이 바로 계화동준입니다.

다섯째, 이화동균(利和同均), 이익은 같이 나눔으로써 화합합니다. 절이라는 곳은 참으로 이화동균하는 곳입니다. 우리절만 보더라도 어느 한 사람이 특별히 이익을 독식하지 않습니다. 저는 하루에 한 끼, 가끔 한 끼 반 정도만 먹을 뿐이고, 옷도 낡으면 기워 입습니다. 사람들이 흔히 말하는 호의호식과는 거리가 멀어요. 그렇다고 해서 개인 통장이 있는 것도 아닙니다. 그저 제 역할을 해야겠다 싶어서 역할만 할 뿐이지요.

그렇지만 우리는 전체 힘을 합쳐서 여러 많은 불사들을 했고, 그리하여 전국에서 제일 많은 신도들이 모이는 대가람이 형성되었습니다. 이 자체가 불교의 자존감을 높이는 일입니다. 우리는 이 좋은 시설에 원하는 어느 때고 와서 공부를 하고, 법문을 듣고, 기도를 하고, 참선을 합니다. 이것이 바로 공유하는 것입니다. 우리 전체가 이익을 공유하는 것이죠. 여기서 말하고 있는 이화동균이 되는 것입니다. 지금 현재에도 우리는 같이 나누고 있고 이 대가람이 주는 혜택을 보고 있어요. 이 자체가 이화동균인 것입니다.

여섯째, 견화동해(見和同解), 견해는 같이 이해함으로써 화합합니다. 우리 한국불교대학 大관음사가 서로 화합하고, 모든 불사가 원만하게 잘 돼 가는 가장 근본적인 원인, 즉 이유가 어디에 있을까요? 바로 견해가 같기 때문이에요. 견해가 같다는 것은 굉장히 중요한 말인데 불교에서 견해가 같다는 것은 불교공부를 같이 한다는 말입니다. 함께 불교공부를 함으로써 견해가 같아집니다.

"우리가 불국토를 이루어야지. 아~ 우리가 좋은 일을 해야지."

이렇게 우리는 견해를 같이 하잖아요. 이것은 바로 정견의 확립, 바른 견해를 확립하는 것으로써, 이 자체가 바로 좋은 삶을 계속 스스로 만들어가는 일인 것입니다. 그래서 견해를 같이 한다는 것은 대단히 중요하고 견해를 같이 함으로써 근본적으로 화합이 됩니다.

이 여섯 가지를 육화정신 또는 육화경행, 육화라고 합니다. 결론적으로 화합공동체는 광의 삼보적 입장에서 승보가 됩니다.

2. 일반 삼보

- 佛寶(불보) : 석가모니 부처님
- 法寶(법보) : 석가모니 부처님의 가르침
- 僧寶(승보) : 법력 높으신 스님

귀의불 양족존(歸依佛 兩足尊), 귀의법 이욕존(歸依法 離欲尊), 귀의승 중중존(歸依僧 衆中尊), 이 말은 "거룩한 부처님께 귀의합니다. 거룩한 가르침에 귀의합니다. 거룩한 스님들께 귀의합니다." 라는 뜻입니다. 그런데 깊은 뜻은 한자 자간 속에 있습니다.

먼저, '귀의불 양족존, 거룩한 부처님께 귀의합니다' 를 79쪽의 '無一 삼보 정리' 표를 보면, '복덕지혜 구족의 높으신 분 부처님께 귀의합니다' 라고 번역하였습니다.

두 번째, '귀의법 이욕존, 거룩한 가르침에 귀의합니다' 는 '탐욕 떼어놓는 높으신 법문에 귀의합니다' 라고 번역하였습니다. 이 욕존의 뜻이 어려운데 저는 '탐욕 떼어놓는 높으신 법문' 이라고 하였습니다. 우리는 탐욕 때문에 괴롭고 탐욕 때문에 많은 문제가 일어납니다. 교도소에 있는 사람들을 한번 보세요. 다 탐욕 때문에 죄를 짓고, 교도소에 가게 된 것이지요. 그래서 우리 부처님의 법이 '탐욕 떼어놓는 높으신 법문' 인 것이고, 우리는 그 가르침에 귀의해야 하는 것입니다. 그게 바로 귀의법 이욕존입니다.

세 번째, '귀의승 중중존, 거룩한 스님들께 귀의합니다' 는 '여러 많은 사람들 중에 법 높으신 수행자, 스님들께 귀의합니다' 라고 번역하였습니다.

지금까지 보신 바와 같이 일반 삼보의 불보는 석가모니 부처님, 법보는 석가모니 부처님의 가르침, 승보는 법력 높으신 스님으로 이해하시면 됩니다. 여기서 법력이 높다는 것은 어떤 의미일까요? 쉽게 말해서 나에게 뭔가를 해주는 스님이면 법력이 높다고 볼 수 있습니다. 곧 여름수계식이 있습니다. 수계, 즉 계를 받으면 법명을 내려 주는데 그 법명을 주는 사람이 바로 수계 은사입니다. 수계 은사는 믿고 의지해야 됩니다. 또 미을상좌의 은사, 내가 마을 상좌가 되겠다고 한 것은 그 스님이 법력이 높다고 생각해서 스님의 상좌가 되는 것이니까 그 스님도 삼보가 되는 것이지요. 유발상좌에게는 은사 스님이 승보가 되고, 스님께 부탁하여 작명, 즉 이름을 지어 받았다면 그 스님이 승보가 되는 것입니다. 또 자기에게 법을 가르쳐 주는 스승, 법사도 일반 삼보적 입장에서는 승보인 것입니다.

3. 현전(現前) 삼보

- 佛寶(불보) - 눈 앞의 조성된 부처님
- 法寶(법보) - 경·율·론 삼장
- 僧寶(승보) - 출가 스님

현전(現前) 삼보를 간단히 말하면, 눈앞에 바로 드러나 있는 삼보입니다. 석가모니 부처님이나 노자, 장자와 같은 분들은 이미 우리 눈에 안 보여요. 하지만 이미 우리 눈앞에 나타난 부처님들이 있어요. 바로 조성된 부처님입니다. 우리 중생들은 어쩔 수 없이 눈앞에 무엇이 있어야지 믿음을 냅니다. 그리고 또 수행을 합니다. 그래서 우리절 모든 도량에도 부처님을 아주 거룩하게 모셔놓은 것입니다.

그런데 불교공부를 시원찮게 해서 "저렇게 만들어진 부처님이 무슨 부처야? 저게 무슨 소용 있어?"라며 무시하거나 훼손하는 사람이 간혹 있어요. 하지만 그러다간 아주 큰 벌을 받습니다. 가만히 계시는 부처님을 괜히 건드리고 훼손하다가는 본인만 다치는 게 아니라, 가족들이 다 다쳐요. 신장이 가만히 두질 않기 때문이죠.

눈앞에 조성된 부처님도 이미 다 점안식을 해서 생명력이 있다고 봐야 합니다. 그래서 조성된 부처님한테라도 절대 경거망동한 짓을 해서는 안 됩니다. 오히려 지극정성 내 마음을 바쳐서 잘 모시고, 절이라도 깍듯이 하면 자기 자신의 공덕이 되고, 자기 자기의 수행이 되는 것입니다. 만들어진 부처님이라 숨을 안 쉬고, 걸어 다니지 않는다고 해서 생명력이 없는 것이 아닙니다. 그래서 절에서 부처님을 모시는 불사를 한다고 하면 지극정성 동참하거나 동참해야겠다는 마음을 내면 이미 그 자체가 큰 공덕이 됩니다. 그런 것들이 눈앞에 계시는 부처님에게 내가 복덕을 짓는 일이 되는 것입니다. 이렇게 현전 삼보적 입장에서는 눈앞에 조성된 부처님이 바로 불보가 됩니다.

현전 삼보적 입장에서 법보는 경(經)·율(律)·론(論) 삼장입니다. 경과 율은 부처님이 직접 말씀하신 것입니다. 반면에 론은 경·율에 대한 후세 스님들의 해설서, 주장서로서 팔만대장경에는 이 경·율·론 삼장이 모두 포함되어 있습니다. 그래서 경·율·론 삼장 이 자체가 법보가 되는 것입니다.

현전 삼보적 입장에서 승보는 출가 스님입니다. 출가 스님이라 해서 다 잘하는 것도 아니고, 출가 스님이라고 해서 다 성인군자도 아니지만 현전 삼보적 입장에서 출가 스님은 승보입니다. 스님이 없는 절을 생각해 보세요. 스님이 없으면 절도 더 이상 절이 아니지요. 출가 스님이 있으니 절을 지키고, 막상 절에 불이라도 났다 하면 기둥이라도 껴안고 죽을 수 있는 이가 절에 있는 스님이지요. 그런데 요즘은 스님들이 모자라서 문제거든요. 조계종에서 출가할 수 있는 자격에 나이 제한을 65세까지 올려도 출가하는 사람이 없습니다. 그러니 스님들의 위치가 얼마나 중요한가요.

　1985년, 제가 한창 공부할 때였는데 하루는 부산 전자상가를 저녁 늦게 나갈 일이 있었어요. 대략 9시 반쯤 되었던 것 같아요. 약주를 좀 드신 어떤 처사가 다가오더니, 혼자 서있는 저를 보고 막 절을 하는 것이었습니다. 주위에 사람들이 많았는데도 '스님이기 때문에 존경합니다' 라고 하면서 아랑곳하지 않고 절을 했습니다. 이윽고 절을 마친 처사님이 저에게 다가와 제 손에 뭔가를 자꾸 쥐어주려고 하는데 저는 직감적으로 돈이라는 것을 알고, '저는 돈이 필요 없습니다. 필요한 카세트도 샀으니 처사님 쓰십시오' 하고 사양했어요. 그래도 거사님은 '스님이기 때문에 존경합니다. 그래서 진짜 드리고 싶습니다' 고 하면서 결국 막무가내로 제 손에 쥐어 주셨습니다.

　그렇게 억지로 쥐어준 돈이 만 원이었습니다. 1985년에 만원을 2017년 현재의 물가로 따져본다면 약 10만 원 정도 되지 않을까요? 여하튼 억지로 줘서 받긴 받았어요. 그 뒤로 그 처사를 한번 뵙고 싶기도 하고, 그분에 대한 깊은 감동 때문에 후일 「저거는 맨날 고기 묵고」라는 책에 그 처사님에 대한 이야기를 실었습니다. 혹시라도 책을 보고 찾아오실까 해서 실어 놓았는데 결국 찾아오지는 않았습니다.

"사바의 긴 여로 어느 모퉁이에서 두 손을 꼭 잡으신 중년 처사님. 스님이기에…… 속진으로 채워진 회색 걸망에 그대 하얀 마음을 고이 챙겨 옵니다."

그래서 차마 그 돈을 쓰지를 못하겠어서, 제가 종이에 글을 써서 만 원 위에 겹쳐 코팅을 했습니다. 현재 이 코팅돈은 대구큰절 삼보전에 있습니다.

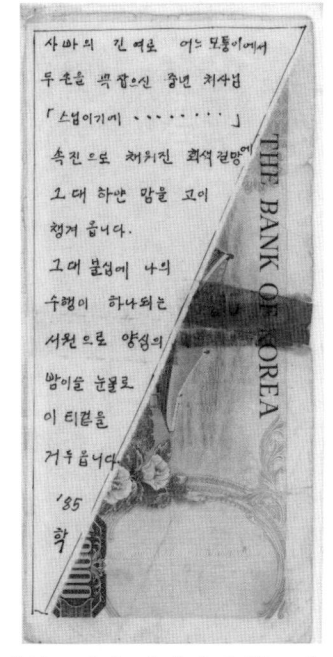

그때를 지금 와 다시 생각해보면 약주를 하시기는 했지만 정신은 아주 또렷또렷하셨어요. 그 처사님에게 다른 어떤 이유가 있다거나 사시는 형편이 어떤지는 잘 모르겠지만, 출가 스님에 대한 동경이 있지 않았나 하는 생각이 들어요. 당시 제가 20대였으니까 처사님에게는 아들뻘 인데다가 저에게 법문을 들은 일도 없는데 '스님이기 때문에 존경합니다' 고 하면서 만 원을 시주하고는 유유히 사라지신 것을 생각하면 본인도 출가하고 싶었지만 못했기에 출가한 스님들이 대단해 보였는지는 모르겠습니다. 그리고 그때 제가 생각한 것이 '출가 스님들은 참 잘 해야 되겠다' 는 것이었습니다. 이 생각은 지금도 늘 하는 생각입니다.

여하튼 출가 스님은 어떤 일이든 간에 현전 삼보적 입장에서는 승보가 됩니다. 그러니까 스님들을 잘 모셔야 하는 것입니다.

혹시 길거리 가는데 어떤 스님이 술을 마시고 비틀거리더라도 '우리 회주 큰스님께서 스님은 현전 삼보적 입장에서는 승보라고 하셨지' 하고 기억하셔서 "스님, 건강하게 잘 가십시오." 하고 인사라도 해주십시오.

4. 자성 삼보(마음 삼보)

- 佛寶(불보) : 청정(淸淨) ↔ 탐(貪)
- 法寶(법보) : 광명(光明) ↔ 치(痴)
- 僧寶(승보) : 평화(平和) ↔ 진(瞋)

자성 삼보는 마음 삼보라고 했는데, 이것은 제가 정의를 내린 삼보입니다.

신심명(信心銘)을 지으신 승찬(僧璨) 스님은 중국 선종의 삼조

(三祖)로서 그의 스승은 이조(二祖) 혜가 스님입니다. 승찬 스님은 출가 전, 요즘으로 말하면 문둥병, 풍병에 걸렸었어요. 나이 40이 넘도록 문둥병에 걸려 낫지도 않았는데 어떤 여자가 시집을 오겠습니까? 그러다보니 혼자 이절 저절 다니면서 밥이나 얻어먹으며 살았는데 어느 날, 혜가 스님이 유명하다는 말을 듣고 찾아갔습니다. 찾아가서 엎드려 절하면서 말했습니다.

"스님, 제가 업이 많아서 업의 짐을 한 짐씩 지고 돌아다니는데, 너무 고통스럽습니다."

그 말을 듣고 혜가 스님이 말씀을 하십니다.

"그대가 지고 있다는 그 무거운 짐을 지금 내려놓아 보아라."

즉 내려서 나에게 보여 달라는 뜻이지요. 그 말에 승찬 스님이 짐을 내려놓으려고 찾으나 찾을 수가 없었지요. 그러자 혜가 스님이 재촉을 합니다.

"당장 그 짐을 내려서 나에게 보여주지 않고 무엇을 하는가?"

혜가 스님의 말씀에 다시 승찬 스님이 온몸을 더듬어 짐을 찾아봅니다. 그리고 혜가 스님께 말합니다.

"스님, 제가 짐을 내리려고 찾아도 찾을 수가 없습니다."

하지만 혜가 스님은 더욱더 닦달을 합니다.

"무슨 소리! 당장 짐을 내려서 나에게 보여라."

그 순간에 승찬 스님은 죄라는 의식이, 죄의 짐이라는 의식이 없어지기 시작했어요. 그리고 이내 죄의 짐이라는 의식이 없어지면서 마음이 깨끗해졌습니다.

"제가 아무리 내리려고 해도, 짐을 내려놓으려고 해도 아무것도 없습니다."

그러자 혜가 스님이 말씀하십니다.

"그래, 너의 죄는 이미 다 없어졌다."

가지고 있던 죄의식이 다 없어졌다는 말이지요. 그리고 이어 혜가 스님이 말씀하십니다.

"불·법·승 삼보가 그대를 기다리고 있었다. 앞으로는 삼보를 의지하여 살도록 하라."

승찬 스님은 그 말을 듣고 혜가 스님께 여쭈었습니다.

"예, 큰스님을 뵙고 나니 승보(僧寶)는 알겠습니다만, 어떤 것을 불보(佛寶)와 법보(法寶)라고 하는 것입니까?"

"이 마음이 부처(佛寶)이고, 이 마음이 법(法寶)이다. 법과 부처는 둘이 아니니, 승보도 마찬가지이니라."

이 일화에서도 알 수 있듯이 자성 삼보란 마음 삼보를 말합니다. 삼조 승찬 스님에게 이조 혜가 대사가 '마음이 불보요 마음이 법보이며, 승보도 마찬가지이니라' 라고 했어요. 그래서 불보, 법보, 승보는 자성 삼보적으로 탐욕이 아닌 청정, 치심이 아닌 광명, 진심(瞋心)·화냄·스트레스가 아닌 평화, 이것이 바로 믿고 의지해야 할 삼보, 자성 삼보인 것입니다.

내 마음이 지극히 청정하고, 내 마음이 지극히 광명스럽고, 내 마음이 지극히 평화로우면 그게 바로 삼보입니다. 즉 자성 삼보, 마음 삼보입니다.

自性三寶(자성삼보)

淸淨卽心是佛寶(청정즉심시불보)
光明卽心是法寶(광명즉심시법보)
平和卽心是僧寶(평화즉심시승보)
我本來恭敬三寶(아본래공경삼보)

청정한 즉 마음이 불보요,

밝은 즉 마음이 법보요,

평화스러운 즉 마음이 승보요,

나 본래 공경스러운 삼보일세.

- 無一우학 스님 -

※ 그 마음 맑고 밝고 평화스러우면 그 사람은 부처님이요, 그 사람이 처한 곳은 불국토이다.

위의 시에서 '아본래공경삼보(我本來恭敬三寶), 나 본래 공경스러운 삼보일세' 여기의 나 또한 참나를 말해요. 그리고 그 아래를 보시면 '그 마음 맑고, 밝고, 평화스러우면 그 사람은 부처님이요, 그 사람이 처한 곳은 불국토이다' 라고 하였습니다. 말 그대로입니다. 내 마음이 맑고 밝고 평화로우면 나는 부처요, 내가 있는 곳이 바로 불국토인 것입니다.

圓伊三點(원이삼점)
三寶輪(삼보륜)

위의 그림은 아주 오랜 옛날부터 내려오는 문양으로 '원이삼점' 이라고 합니다. 원이삼점은 현재 대한불교조계종의 공식 마크로도 쓰고 있는데 세 개의 점은 불·법·승 삼보, 계·정·혜 삼학을 나타낸다고 설명하고 있습니다. 또한 삼법인을 나타내기도 하고, 법신·보신·화신 삼신을 나타내기도 하는 등 세 개로 형성되어 있는 긍정적인 사상은 이 원이삼점의 세 개에 다 들어갑니다. 그리고 바깥의 큰 원을 '삼보륜' 이라고 하는데 이는 깨달음의 세계를 말합니다. 이 삼보륜을 보더라도 불·법·승 삼보가 얼마나 중요한가를 알 수 있습니다.

여러분이 스님께 편지를 쓸 때도 먼저 '귀의삼보 하옵고' 또는

'삼보에 귀의 하옵고'라고 하며 시작하죠. 불자들끼리라도 삼보라는 말을 많이 쓰면서 삼보에 진심으로 귀의한다면 큰 복덕이 되겠습니다.

지금까지 백팔대참회문의 귀의불, 귀의법, 귀의승 즉 삼보에 대해 살펴보았습니다. 결론적으로 우리가 왜 삼보를 믿고 의지해야 하는가? 첫 번째 삶이 좀 수월하기 때문에, 두 번째 삶이 좀 더 행복해지기 때문에, 세 번째 참나를 찾을 수 있기 때문입니다.

마지막으로 삼보께 귀의하는 마음을 담아 사색하듯 다음의 삼귀의(새법요집 또는 무일불교의범 106쪽)를 읽어보고 이 시간 마치도록 하겠습니다.

삼귀의

거룩하셔라, 부처님이시여!
장하셔라, 말씀하신 법문이여!
기특하셔라, 복전승(福田僧)이시여!
부처님의 사랑하는 아들딸이로다.
사람의 몸 얻기 어려운데 이제 그것을 얻었고, 불법 또한 듣기 어려운데 이제 그것을 들었으니, 이 몸을 금생에 제도 받지 못하면 다시 어느 생에 제도 받을 것입니까?
모든 중생과 더불어 지심(至心)으로 삼보에 귀의합니다.

스스로 부처님께 귀의하여 원컨대 중생과 더불어 큰 진리 바르게 믿어 위없는 보리심(菩提心)을 일으키게 하소서.

스스로 법에 귀의하여, 원컨대 중생과 더불어 깊은 '말씀의 곳집(經藏)'에 들어 바다와 같은 지혜를 얻게 하소서.

스스로 스님께 귀의하여, 원컨대 중생과 더불어 대중을 바르게 인도하여 모든 것에 걸림 없게 하소서.

관세음보살.

將及閻羅(장급염라)
爾活怎麼(이활즘마)
發菩提心(발보리심)
成就大道(성취대도)

문득, 염라대왕 앞에 이를 것인데
너는 어떻게 살아갈 것인가.
보리심을 발하여
대도를 성취할지어다.

無一 우학 스님의 한시
無一 發心偈(발심게)

백팔대참회문 특강(4)
2017.7.23. 음력6월 초하루

백팔대참회문 특강 네 번째 시간입니다. 먼저 오늘의 본문을 먼저 보겠습니다.

我今發心(아금발심) 不爲自求人天福報(불위자구인천복보) 聲聞緣覺(성문연각) 乃至權乘(내지권승) 諸位菩薩(제위보살) 唯依最上乘(유의최상승) 發菩提心(발보리심) 願與法界衆生(원여법계중생) 一時同得(일시동득) 阿耨多羅三藐三菩提(아뇩다라삼먁삼보리)

제가 지금 마음을 냄은 사람, 하늘의 복 받음과 성문, 연각 내지 방편 가르침의 여러 단계 보살을 자신이 탐함이 아닙니다. 오직 최고 가르침에 의지해 깨닫겠단 마음을 냄이니, 원

> 컨대 세상 중생과 더불어 일시에 똑같이 완전한 깨달음을 얻어지이다.

내용이 아주 어렵습니다. 읽어봐도 이해가 안 되면 다시 읽고, 그래도 안 되면 또 다시 아주 집중해서 읽어야 합니다. 독서백편의자현(讀書百遍義自見)이라, 이 말은 삼국지에 나오는 말로써 아무리 어려운 글도 자꾸 되풀이하여 읽으면, 그 뜻을 스스로 깨우쳐 알게 된다는 말이에요. 아무리 어려운 글이라도 백 번쯤 읽으면 그 뜻이 저절로 드러날 때가 있어요.

금방 읽은 본문 말씀의 핵심 키워드는 무엇일까요? 바로 아뇩다라삼먁삼보리입니다.

> 아뇩다라삼먁삼보리 = 무상정등정각(無上正等正覺) = 위없이 바르고 평등한, 바른 깨달음 = 완전한 깨달음 = 대각(大覺) = 확철대오(廓徹大悟)

아뇩다라삼먁삼보리의 뜻은 완전한 깨달음, 한문으로는 무상정등정각(無上正等正覺)이라고 해요. 아뇩다라삼먁삼보리가 얼마나 중요한가 하면, 『금강경』에는 무려 29번, 『반야심경』에는 1번 등장합니다. 또한 지혜를 가르치는 모든 경전에 이 아뇩다라삼먁삼보리라는 말이 등장합니다. 아뇩다라삼먁삼보리를 우리말로 풀이하면, 위없이 바르고 평등한 깨달음, 완전한 깨달음입니다. 이를 선종에서는 확철대오(廓徹大悟) 또는 대각(大覺)이라고 하지요.

어쨌든 여기서 중요한 것은 깨달아야 한다는 사실입니다. 불교는 깨달음의 종교입니다. 제가 법문할 때나 강의할 때 "우리는 깨달아야 합니다. 깨쳐야 해요." 이렇게 말하면, 어떤 불자들은 "스님, 깨치면 좋은 게 뭐가 있습니까?" 하고 물어봐요.

왜 우리는 왜 깨쳐야 하는가?
깨쳐야 한다는 말은 무엇인가?

깨닫는다는 말은 무엇인가 신비감이 있긴 한데, 아주 막연하고 개념 자체가 모호하게 느껴지는 것이 사실입니다. 깨닫는다, 깨친다는 것을 아주 쉽게 말하면, 몰랐던 것을 알게 되는 것입니다. 우리가 눈을 감고 있다가 눈을 뜨는 것과 같아요. 눈을 감고 있으면 어떻습니까? 답답하고 두렵지요. 그럴 때 눈을 뜨면 답답한 것, 두려운 것이 사라져 얼마나 좋은지 모릅니다. 깨달음이 그와 같습니다. 그렇기 때문에 우리는 깨달아야겠다는 마음을 먹어야 합니다. 이렇게 깨닫겠다는 서원을 진언으로 하는 것이 바로 발보리심진언입니다.

"발보리심진언, 옴 모지짓다 못다 바나야 믹."

發(발), '일으키다' 또는 '내다' 라는 뜻이고, 菩提(보리)는 '깨닫다' 는 뜻으로 발보리심진언, 즉 깨닫겠다고 하는 마음을 내는 진언이란 뜻이 되는 겁니다. 우리가 발심(發心)한다고 하는데, 발심은 바로 '발보리심' 의 줄인 말입니다. 그러니 모든 기도나 참선과 같은 수행 끝에 이 발보리심진언을 꼭 외우세요.

기도는 부처님으로부터 가피를 입는 일이고, 참선은 깨닫는 수행인만큼 기도나 수행을 마무리 할 때, 깨닫겠다는 마음으로 이 발보리심진언을 세 번 읽으면 좋습니다.

우리가 길을 가다가 죽은 짐승의 사체라도 보게 되면 자연히 연민의 마음이 일어나 '관세음보살' 하고 외우는데, 이제는 조금 더 나아가 보리심을 내서 다음 생에는 지혜롭고, 좋은 존재로 태어나라는 의미로 '옴 모지짓다 못다 바나야 믹' 하고 이 발보리심진언을 세 번 정도 축원해 주세요.

그렇다면 왜 깨달아야 하는가, 깨달으면 무엇이 좋은가? 이 물음에 대해 구체적으로 한번 살펴보겠습니다.

첫째, '참나' 를 찾을 수 있다.

둘째, 지혜가 열린다.

셋째, 삶의 힘을 얻게 된다.

먼저 '참나' 를 찾을 수 있다고 하였습니다. 참나를 찾게 되면 어떻게 되는지, 좋은 게 무엇인지 우리는 이미 백팔대참회문 특강

두 번째 시간에 '참나를 찾으면 어떻게 되나' 라는 제목으로 살펴 보았었습니다. 하지만 이 부분이 중요하기 때문에 '無一의 참나 7 점검법'을 통해 다시 한번 보도록 하겠습니다.

> **깨달음에 대한 점검의 문제**
>
> 1. 스스로의 점검
>
>   無一 眞我 七功能(무일 진아 칠공능)
>   = 無一 참나 7점검
>
>   ① 理自(리자) : 스스로 다스리는가.
>
>   ② 無着(무착) : 집착하지 않는가.
>
>   ③ 持存(지존) : 자존감을 지니는가.
>
>   ④ 無畏(무외) : 두려움이 없는가.
>
>   ⑤ 到穩(도온) : 평온한가.
>
>   ⑥ 使事(사사) : 일을 부리는가.
>
>   ⑦ 明緣(명연) : 연기적 세계관에 밝은가.
>
> 2. 스승의 점검 - ex) 달마대사

① 理自(리자), 스스로 다스리는가.

스스로를 다스리는 정도가 되면 참나를 찾아가고 있다고 할 수 있어요. 자기 컨트롤이 되어야 한다는 말이지요. 이는 탐·진·치로부터 벗어나는 일입니다.

② 無着(무착), 집착하지 않는가.

객관의 세계에서 자유로워야 됩니다. 그런 사람들은 참나를 찾아가고 있습니다. 참나의 자리에 이미 들어서 있습니다.

③ 持存(지존), 자존감을 지니는가.

살아가면서 자기 포지션, 자기 자리를 늘 생각하는 사람은 삶을 재미나게 삽니다. 봉사를 통해 삶의 보람을 느낀다거나 자기가 하는 일에 대해 자신감을 가지고 재미있게 하는 것도 다 자존감을 지니고 있기 때문입니다. 가정주부가 자존감을 가지고 밥을 한다면 밥하는 그 일에 대해서도 얼마든지 재미를 느낄 수 있어요. 그런 사람은 이미 참나의 자리에 살고 있다고 할 수 있죠.

④ 無畏(무외), 두려움이 없는가.

사람에 대해서, 세상에 대해서 또는 영가나 동물들에 대해서 두려움이 있는가? 두려움이 없다면 참나의 자리에 들어서 있는 것입니다.

⑤ 到穩(도온), 평온한가.

본인이 어떠한 상황에 처하더라도 불안하지 않고 평온하다면, 그 사람은 참나의 자리에 들어서 있습니다.

⑥ 使事(사사), 내가 일을 부리는가.

부림을 당하는가? 내가 일의 주인공인가? 아주 중요합니다. 그래서 使事(사사), 즉 일을 부리고, 일의 쫓김을 당하지 아니한 그런 상태 또는 그런 힘을 가졌다면 그런 사람은 참나의 자리에 들어서 있어요.

⑦ 明緣(명연), 연기적 세계관에 밝은가.

명연, 말을 두 글자로 줄이다 보니 뜻이 압축되어 있어요. 간단히 말하면 인연이 밝다는 말인데, 풀어서 설명 드리자면, '서로서로 인연되어 있음을 실감하고 그 인연의 소중함을 생각하면서 봉사하며 재미있게 살고 있는가?'라고 보시면 됩니다. 명연, 연기적 세계관에 밝고 실천력이 있는 사람이라면 참나의 자리에 들어서 있습니다.

이렇게 7가지를 들어 스스로 생각했을 때 자신이 이 중에서 몇 가지나 해당되는지 체크해 보세요. '나는 어느 정도 참나를 찾았는가?' 또는 '어느 정도 깨달음의 문을 또는 깨달음을 열어가고 있나?' 혹은 '이미 깨달음을 성취했는가?' 하는 것을 스스로 알 수 있을 것입니다. 이것은 개인의 수준에 따라 다 다를 겁니다. 우리 부처님은 완벽하게 참나를 찾은, 즉 100%를 찾은 분이시고, 우리처럼 수행 도상에 있는 사람들은 10%, 20%, 30% 등 사람마다 차별이 있을 수 있어요.

왜 깨달음인가, 깨달으면 무엇이 좋은가, 둘째 지혜가 열린다고 하였습니다.

지혜가 열린다, 즉 보이지 않던 것이 보이게 된다는 말입니다. 큰 지혜가 열리면 크게 보이고, 작은 지혜가 열리면 작게 보이겠지요. 완전하게 지혜가 다 열린 사람도 있겠고, 아직 그렇지 못한 사람도 있을 것입니다. 이 지혜를 불빛에 비유하기도 합니다. 지혜의 불빛이 반딧불만 하면 반딧불만 한 세상이 보일 것이고, 자기 지혜의 빛이 촛불만 하면 촛불만 하게 보일 것이고, 형광등 불빛만 하면 형광등 불빛만큼 세상이 보일 것입니다. 그보다 더 커서 자기 지혜가 가로등 불빛만 하면 그만큼 주위를 밝힐 것이고 그만큼 보일 겁니다. 만약 지혜의 크기가 저 하늘의 태양빛만 하다면 태양빛만큼 세상이 보일 것이고 그만큼의 지혜가 세상에 드러나게 되는 것입니다.

아무튼 자기가 정진한 만큼 깨달음이 열리는데, 그것은 곧 지혜가 열리는 것과 같습니다. 깨달음 역시 열림의 상태가 사람마다 다를 수 있어요. 부처님과 비교해 보면 알 수 있겠죠. 부처님과 중생이 다른 점은 무엇인가? 부처님은 천 개의 태양보다 더 밝은 지혜가 열린 분입니다. 이렇게 보면 딱 맞습니다.

왜 깨달음인가, 깨달으면 무엇이 좋은가, 셋째 삶의 힘을 얻게 됩니다.

우리가 왜 깨달음을 추구하고 염원해야 하는가? 삶의 힘을 얻기 때문에 그렇습니다. 깨달으면 힘을 얻습니다. 그런데 이것도 작게 깨달으면 작은 힘을 얻고, 크게 깨달으면 큰 힘을 얻습니다. 깨달음의 크기만큼 얻게 되는 힘의 크기도 달라집니다.

그러면 우리 부처님은 어느 정도의 힘을 얻으셨겠습니까? 한마디로 부처님은 우주적 힘을 얻으신 분입니다. 왜 그렇겠습니까? 바로 아뇩다라삼먁삼보리, 최상의 깨달음, 완전한 깨달음을 얻으신 분이기 때문에 그렇습니다. 우리가 부처님같이 그런 큰 힘을 얻기 위해서는 우리 부처님께서 그리하셨듯 계속 수련하고 수행을 해나가는 수밖에 없습니다.

불자라면 기도해서 복을 얻고, 공부를 해서 철학을 넓히는 것도 좋은 일입니다. 그런데 언제나 우리가 잊지 말아야할 것이 깨달음이라고 하는 말입니다. 깨달음이 이렇게 좋기 때문에, 또 우리가 부처님처럼 완전한 자리에 들어가기 위해서는 절대 이 말을 놓쳐서는 안 됩니다.

"제가 지금 마음을 냄은 사람, 하늘의 복 받음과 성문, 연각 내지 방편 가르침의 여러 단계 보살을 자신이 탐함이 아닙니다. 오직 최고 가르침에 의지해 깨닫겠단 마음을 냄이니, 원컨대 세상 중생과 더불어 일시에 똑같이 완전한 깨달음을 얻어지이다."

백팔대참회문 오늘의 본문을 보면 '성문, 연각'이라는 말이 나오는데 이 성문과 연각이 무엇인가 한번 보겠습니다.

五乘(오승) : 5가지 부류의 수준

① 人乘(인승) : 사람됨의 인격을 갖춤.

② 天乘(천승) : 하늘같은 착한 심신(心身)을 가짐.

③ 聲聞乘(성문승) : 법문 듣고, 경전 공부함.

④ 緣覺乘(연각승) : 기도, 참선함.

⑤ 菩薩乘(보살승) : 봉사, 포교함.

오승(五乘)이라는 말을 사전에서 찾아보면 '해탈(解脫)의 지경(地境)에 이르게 하는 다섯 가지 교법(教法)' 또는 '사람들을 운반하여 이상의 세계에 도달시키는 5종류의 가르침' 이라고 설명되어 있어요. 무슨 말인지 이해하기가 어렵지요. 쉽게 말해서 "깨달음으로 나아가기 위한 5가지 부류의 수준"을 오승(五乘)이라고 한다고 보면 됩니다. 오승은 우리가 알고 있는 성문승, 연각승, 보살승 이 삼승(三乘)에 인(人), 천(天)을 더한 것입니다.

먼저, ①번 人乘(인승)은 '사람됨의 인격을 갖춤' 이라고 했습니다. 먼저 사람이 되어야 한다는 말이지요. 사람이 되어야 한다는 게 무슨 의미입니까? 원칙대로 살고, 도리를 잘 지키고, 불자로서 계를 받고 그 계를 실천하려고 늘 노력하는 것, 그것이 바로 사람됨의 인격을 갖추는 것, 인승인 것입니다. 결국 사람됨의 인격을 갖춘다는 것도 깨달음으로 가기 위한 기초가 되어야 한다는 의미입니다.

②번 天乘(천승)은 '하늘같은 착한 심신(心身)을 가짐' 이라고 했습니다. 우리가 하는 문화생활이 다 사람의 심성과 심신을, 몸과 마음을 착하게 하려는 프로그램들이지요. 요즘은 절에서도 이러한 문화생활 프로그램들이 많이 있죠.

③번 聲聞乘(성문승)은 '법문 듣고, 경전 공부함' 이라고 했습니다. 법문을 듣고, 경전을 공부하는 그런 수준의 부류를 말합니다. 이것은 아주 중요합니다. 법문과 경전공부는 자기 인생, 철학을 넓히고 부처님의 지혜를 간접적으로 배우는 일로써 아주 중요합니다. 하지만 그렇다고 하더라도 거기서 머무르면 안 됩니다. 스스로 직접 체험하고 깨쳐야겠다는 마음을 가져야하고 또 절대 그 마음을 놓쳐서도 안 됩니다.

④번 緣覺乘(연각승)은 '기도, 참선함' 이라고 했습니다. 기도하고 참선하는 것, 삼매에 드는 것 등 그러한 모든 것이 결국에는 깨달음으로 나아가게 되어 있는데, 우리가 자칫 잘못하다 보면 기도, 참선에 안주하는 수가 있어요. 참선함에 나도 모르게 타성에 젖어 그냥 앉아 있는 것이 좋다고 말 그대로 그냥 앉아만 있다면 깨달을 수 없습니다. 기도와 참선도 중요하지만 우리는 계속 발심을 해서 깨달음을 열어가야 합니다.

마지막으로 ⑤번 菩薩乘(보살승)은 '봉사, 포교함' 이라고 했습니다. 적선하고, 작복해서 이웃을 내 몸처럼 생각하면서 살아가는 사람을 우리는 보살이라고 합니다. 그런 분들은 이미 극락을 따놓은 당상입니다. 그런데 극락 가는 것 보다 더 좋은 것이 바로 내가 깨달아서 내가 부처가 되는 것입니다. 봉사하고 포교하면서도 '나도 깨쳐야지, 나도 깨달아야지' 이런 마음을 계속 내면, 거듭거듭 깨어나요. 한 번에 다 되진 않습니다.

> **會五乘 歸一乘(회오승 귀일승)**
>
> ① 다섯 가지 부류를 잘 익히되, 이 각각이 깨달음으로 나아가야 한다.
> ② 다섯 가지에 각각 머무르기만 한다면 큰 공부가 아니다. 반드시 깨달음의 문을 열어야 한다.

우리가 인승, 천승, 성문승, 연각승, 보살승 그 어떤 수준에 있더라도 언제나 우리가 지향해야 할 곳은 일승(一乘), 깨달음의 세계, 부처님의 세계입니다. 회오승 귀일승(會五乘 歸一乘)이라, 다섯 가지 부류를 잘 익히되, 각각이 깨달음으로 나아가야 합니다. 그래서 다섯 가지에 각각 머무르기만 한다면 큰 공부가 아니며, 반드시 깨달음의 문을 열어야 한다고 한 것입니다.

그렇다면 우리는 마음공부를 어떻게 지어가야 할 것인가?

'無一 공부인(工夫人)의 5단계 본분사(本分事)'를 통해 거기에 대한 답을 찾아보도록 하겠습니다.

無一 工夫人(공부인)의 5단계 本分事(본분사)

(1) 眞情發心(진정발심) - 참다운 발심
   - 인생의 근본문제 해결의 고민
   - 세상의 부조리와 모순에 대한 고민
(2) 徹底修行(철저수행) - 다부진 수행 - 도고마성(道高魔盛)
   - 사마타 · 비파사나 · 간화선 · 선관쌍수
(3) 完全成就(완전성취) - 크나큰 깨달음
   - 大死一番絶後蘇生(대사일번절후소생)
(4) 持續保任(지속보임) - 꾸준한 보임
   - 無修之修(무수지수) : 닦은 바 없이 닦는다.
(5) 圓滿廻向(원만회향) - 나누는 공덕행
   - 불사, 포교, 복지, 노력봉사, 교육, NGO, 법문 등

無一 공부인의 본분사는 진정발심, 철저수행, 완전성취, 지속보임, 원만회향, 이렇게 다섯 단계입니다. 이렇게 5단계로 간다면 완전한 부처님의 제자라고 볼 수 있습니다. 우리는 불자이기 때문에 부처님을 롤모델로 해서 살아가면 제일 훌륭한 삶이 됩니다. 그

래서 부처님의 살아오신 모습을 상기하면서 부처님께서는 어떻게 발심하시고, 어떻게 철저하게 수행을 하시고, 어떻게 완전하게 성취를 하셨으며, 또 어떻게 보임을 하시고, 어떻게 원만하게 회향 하셨는지 부처님의 일대기를 통해 알려드리겠습니다.

眞情發心 진정발심 - 참다운 발심

승가에서는 선방 스님들이 '진발심을 해야 한다'는 말을 합니다. 진발심을 해야 한다, 즉 거짓 발심을 하면 안 된다는 말이지요. 한자(漢字)로 네 글자를 맞추다보니 '진정발심'이라고 했는데 진정발심이 바로 진발심입니다.

만약 '이제부터는 열심히 절에 다니면서 정말 철저하게 수행을 하겠다'라고 마음을 먹었다면 일요일이건 공휴일이건 절에 와서 수행하는 것을 빠트리면 안 되지요. 날씨가 덥다고 해서 절에 안 가고 수행도 안 한다면 그것은 진발심이 아니에요. 진발심, 진정한 발심을 했을 때는 빠질 수가 없어요. 어떤 사람이 진발심을 했는지 안 했는지는 절에 와서 기도하고 참선하는 모습을 보면 알 수 있어요. 인생의 근본문제에 대한 해결의 고민, 세상의 부조리와 모순에 대한 고민, 또는 아주 근원적인 것에 대한 고민을 하는 사람은 진짜 발심한 사람이라고 할 수 있겠습니다.

그러면 우리 부처님께서는 어떻게 진정발심을 했을까요?

우리 석가모니 부처님은 중생들에게 본을 보이기 위해서 이 세상에 오셨습니다. 본래 부처님이셨지만 한바탕 연극을 하심으로써 중생들에게 '이렇게 해 보아라' 하고 본을 보이셨다는 말이지요.

부처님은 이 세상에 오심으로써 많은 고민거리를 만납니다.

부처님이 태자였던 시절, 한번은 농경제에 참석하게 됩니다. 싯다르타 태자가 12살 때였는데 밭을 가는 농부의 쟁기 끝에 지렁이, 굼벵이와 같은 작은 벌레들이 기어나와 꿈틀거리자, 그때 작은 새 한 마리가 쏜살같이 날아와 벌레를 물고 올랐습니다. 그런데 그때 그것을 본 큰 매 한 마리가 그 작은 새를 낚아채서 물고 날아가 버렸습니다. 그 모습을 본 싯다르타 태자는 약육강식(弱肉强食)의 처참한 현실을 느끼게 됩니다.

'왜 서로 먹고 먹히고, 먹고 먹히지 않으면 안 되는가?'

이러한 회의를 느낀 태자는 곧장 나무 밑으로 가서 고민을 합니다. 이것을 '염부수(閻浮樹) 아래의 정관(靜觀)'이라고 합니다. 염부수 나무 아래에서 고요히 관찰했다는 말입니다.

보통사람은 약육강식에 대해 당연하게 받아들입니다. 새가 먹이를 쪼아 먹는 게 당연하고 큰 새가 작은 새를 잡아먹는 것 또한 당연하게 여깁니다. 하지만 위대한 철학자나 위대한 성자는 그렇게 생각하지 않죠. 우리가 예사로 보는 것들이 위대한 과학자의 눈에는 예사롭지 않게 보여요. 세상의 모든 물체 사이에 작용하는 서로 끌어당기는 힘, 즉 만유인력을 발견한 뉴턴의 눈에는 사과나무에서 사과가 떨어지는 것이 예사로 보이지 않았죠. 그래서 깊은 사색과 오랜 연구 끝에 만유인력을 발견하게 됩니다. 이렇게 남들과 똑같이 생각해서는 위대한 사람이 될 수가 없어요.

부처님께서도 보통의 사람들이 당연하다고 생각하는 것들에 대해 고민했습니다. 그리고 계급 사회에 대해서 많은 회의를 느끼셨어요. 그래서 '지배자와 피지배자가 왜 있어야 하는가, 브라만, 크샤트리아, 바이샤, 수드라로 나눠지는 계급사회가 왜 있어야 하는가?' 이러한 것들에 대해 깊이 생각하게 됩니다. 또한 당시 코살라국, 마갈타국 등과 같은 주변 강대국들에 대해서도 많은 생각을 하셨어요.

현재 우리도 강대국들의 틈바구니에서 애를 먹고 있지요. 사드만 하더라도 우리의 의지와는 상관없이 약소국가이기 때문에 어쩔 수 없이 그냥 받아들여야 할 형편입니다. 우리는 이것에 대해 고민을 해야 합니다. '왜 우리는 이런 수모를 당하지 않으면 안 되는가?' '도대체 미국과 중국, 러시아, 일본 저 나라들은 뭐하는 나라인가?' 에 대해 깊이 생각해야 합니다. 이건 세상이 바뀌어도 언제나 닥치는 현실입니다.

한편, 농경제 이후 싯다르타 태자는 동남서북 네 개의 문밖으로 나가 늙고 병들고 죽는 세 가지의 고통스런 모습과 함께 수행자의 모습을 보게 됩니다. 이것을 '사문유관(四門遊觀)'이라고 합니다. 이때가 싯다르타 태자의 나이가 불과 15살이었음에도 인생의 처절한 모습을 깊이 있게 관찰하게 됩니다. 동쪽 성문 밖에서 허리 굽은 노인을 보고 '왜 사람은 늙어가지 않으면 안 되는가?'를 고민하였고, 남쪽 성문 밖으로 나가셨다가 환자들을 보고 '사람은 왜 병들지 않으면 아니하는가?'에 대해, 서쪽 문밖에서는 장례 행렬의 시체가 들려 나가는 것을 보고 '왜 사람은 죽어야 하는가? 죽지 않으면 안 되는가? 죽은 이후에는 어디로 가는가? 도대체 사람은 어디에서 왔다가 어디로 가는가?'에 대해 생각하게 되었습니다. 그냥 생각 정도가 아니라 그런 의문점에 대해서 보통 사람이라면 생각할 수 없을 만큼 정말 깊은 사색에 빠졌습니다.

그러한 생각 중에 북쪽 성문 밖에서 태자는 수행자를 만나게 됩니다. 비록 남루한 옷을 입었지만 평온해 보이는 그에게 다가가 묻습니다.

"그대는 어찌하여 집을 나와서 결혼도 하지 아니하고 수행을 하고 있는가?"

"사람은 왜 나고 늙고 병들고 죽는가, 이것을 고민하고 이 문제를 극복하고 해결하기 위해서 수행합니다."

수행자의 말을 들은 태자의 기분이 어땠겠습니까? 수행자의 고민이 바로 태자 자신의 고민이었으니, 싯다르타 태자는 '나도 수행

117

자가 되면 이 문제를 해결할 수 있겠구나!' 하는 기대감으로 너무 너무 기뻤습니다. 이렇게 하여 싯다르타 태자는 출가를 결심하게 되는 것입니다.

그로부터 시간이 흘러서 우여곡절 끝에 싯다르타 태자는 드디어 출가를 하게 됩니다. 아누마 강을 건너 힘든 여정을 거쳐서 지금의 케살리아라고 하는 땅에 이르러 지금까지 같이 왔던 마부와 말을 돌려보냅니다. 그리고는 일주일 동안이나 망고 나무 밑에서 출가의 기쁨을 누리시게 됩니다.

'이렇게 기쁠 수가! 드디어 이 문제를 해결하겠구나!'

부처님께서는 진발심을 하셨기 때문에 너무 기뻤던 겁니다.

"영원하고 자유로운 법 만났으니 출가의 그 - 길 - 삼생을 닦아야 이루어-지는 일이 이미 약속된 행운- 훨훨 털고 가노-라- 아무 미련도 없이- 젊은 가- 슴 방망이질 하는데 일주문이 보듬어주네…."

이것은 '출가' 라는 노래의 가사입니다. 실지로 제가 출가하였을 때도 그렇게 기쁠 수가 없었습니다. 경험해야만 알 수 있는 큰 기쁨이죠. 정식 출가가 어려운 재가불자님들은 감포도량의 출가학교에 참여해 보는 것도 좋습니다. 일주일, 비교적 짧은 단기 출가이기 때문에 마음을 내기가 좋아요. 아마, 아주 특별한 경험이 될 겁니다.

徹底修行철저수행 - 다부진 수행
道高魔盛(도고마성)

진발심을 하고 출가를 한 싯다르타 태자, 즉 사문 고타마는 철저한 수행을 해갑니다. 아주 귀하고 귀하게 자란 왕자가 수백 km를 걷고 걸어서 왕사성, 라자가하에 다다릅니다. 그리하여 라자가하의 동쪽, 판다바 산기슭의 작은 동굴에 자리를 잡게 됩니다. 이때 사문 고타마는 매일 왕사성 거리로 나가 탁발로 얻은 음식으로 일종식을 하면서 수행을 이어 갑니다.

그러다 마침내 스승의 필요성을 느낀 고타마는 자신에게 가르침을 줄 스승을 찾아나서게 됩니다. 그중 한 사람이 우리가 배워 익히 알고 있는 알라라 칼라마입니다. 알라라 칼라마는 사마타 수행으로 무소유처정(無所有處定)을 궁극적으로 지향하는 수행자였습니다. 무소유처정은 완전한 몰입의 상태입니다. 신묘장구대다라니를 빨리 독송하다 보면 삼매에 들어가게 되는데 바로 그러한 상태를 말합니다. 제가 주창한 선관쌍수(禪觀雙修)의 불이득력(不二得力)의 단계이기도 합니다. 알라라 칼라마는 평생의 수행을 통해 무소유처정에 들어갔지만 사문 고타마는 이미 전생부터 공부를 해 오던 터라 스승의 가르침을 단숨에 성취하고 맙니다. 그리고는 스승에게 고통의 원인과 열반의 경지에 대해 묻지만 알라라 칼라마는 대답을 못합니다. 그리하여 사문 고타마는 다시 스승을 찾아 나서게 됩니다.

그 다음 만난 스승은 웃다카 라마풋타입니다. 그는 비상비비상 처정(非想非非想處定)을 증득하고 그 경지에 머무는 수행자였습니다. 비상비비상처정은 생각이 있는 것도 아니고 생각이 없는 것도 아닌 삼매인데 이것은 일종의 관삼매입니다. 수식관, 부정관, 자비관 등의 수행법이 모두 관불삼매로서 우리가 알고 있는 비파사나도 여기에 해당됩니다. 하지만 이러한 수식관, 부정관이 그리 대단하지 않아요. 우리가 관세음보살님을 또렷하게 관하면서, 관세음보살 명호를 외우면 그것이 다 관삼매, 비파사나 수행이 되는 것입니다. 제가 선관쌍수에서 가르치는 두 번째 단계인 관불삼매(觀佛三昧)의 단계입니다.

그런데 이런 사마타 수행이나 비파사나 수행의 문제점은 일상으로 돌아오면 그 삼매가 깨진다는 것입니다. 부처님께서는 그러한 수행을 모두 증득하셨지만 한계적 문제점을 모두 아시고 다시 두 번째 스승 웃다카 라마풋타를 떠나게 됩니다. 그리하여 가신 곳이 전정각산입니다. 전정각산은 마하보디대탑에서 그리 멀지 않은 곳에 있는데 인도에 가면 전정각산은 꼭 가보시길 바랍니다. 전정각산이 있는 곳은 일명 '버려진 땅' 이라는 뜻을 가진 둥게스와리입니다. 둥게스와리는 인도 북부에 위치한 곳으로 너무 척박하여 연중 겨우 3개월 정도만 농사를 지을 수 있는 곳이기에 사람이 살기가 어려우므로 버려진 땅이라고 합니다. 그래서 이곳에는 인도의 계급사회에서 가장 낮은 불가촉천민들이 모여 살고 있습니다.

전정각산에는 동굴이 많은데 부처님께서는 이곳에 4~5년 정도 계시지 않았나 추정합니다. 그리고 이곳에서 완전히 기운이 쇠해버렸습니다. 다음은 『불본행집경(佛本行集經)』에 나오는 내용입니다.

"고타마는 하루에 한 개의 과일을 먹거나, 팥, 콩, 쌀, 보리를 한 알씩만 먹었다. 그리고 처음에는 하루에 한 번만 먹었고, 나중에는 이틀에 한 번, 사흘에 한 번을 먹었고, 이윽고 이레에 한 번을 먹고, 드디어는 보름에 한 번 먹었다."

이렇게 사문 고타마의 수행은 혹독했습니다.

『방광대장엄경(方廣大莊嚴經)』에는 고행으로 인한 초췌해진 부처님의 모습에 대해 다음과 같이 묘사하고 있습니다.

"살갗은 익지 않은 오이가 말라비틀어진 것 같았으며, 수족은 갈대와 같았고, 드러난 갈비뼈는 부서진 헌 집의 서까래와 같았으며, 척추는 대나무 마디와 같았다. 뱃가죽을 만지면 등뼈가 만져지고, 몸을 만지면 몸의 털이 말라 떨어졌다. 해골이 드러나고 눈이 깊어 꺼졌으며, 일어서려면 머리를 땅에 박고 넘어졌다. 그러나 오직 눈만은 깊은 우물 속의 별과 같이 반짝이며 빛나고 있었다."

실제로 부처님의 고행상을 보면 배가 아주 깊이 들어가 있어요. 그만큼 부처님은 아주 다부진 수행을 하셨다는 말입니다.

그렇게 목숨을 걸고 고행을 하던 부처님은 마침내 고행이 잘못된 방법이라는 자각을 하고 고행을 중단하게 됩니다. 그리고 네란자라 강에 가서 목욕을 하시고 올라오다가 강 언덕에 쓰러집니다. 그때 지나가던 수자타가 유미죽 공양을 올리자 그 공양을 받고 기운을 차린 부처님은 드디어 보리수나무 아래로 갑니다. 마침 지나가던 청년이 갈상초를 베어 좌복처럼 깔아드리자 부처님께서 그 위에 앉으십니다. 그리고 그 자리에 앉으시며 부처님께서는 결심하십니다.

"설령, 내 피부와 뼈와 살이 모두 말라 버린다고 하더라도 대각을 이루지 않고서는 결코 이 자리에서 일어서지 않으리라. 백 개의 벼락이 동시에 쳐서 겁을 준다고 하더라도 아뇩다라삼먁삼보리를 이루지 않고서는 이 자리에서 일어나지 않으리라."

얼마나 큰 결심입니까! 일국의 왕자가 수행자처럼 살았다면 그 한이 얼마나 많겠습니까. 그러니 아뇩다라삼먁삼보리를 이루지 않고서는 절대 일어나지 않겠다고 하신 것입니다.

完全成就완전성취 - 크나큰 깨달음

부처님께서는 보리수나무 아래에 자리를 잡고 앉으신 지 7일 만에 새벽 샛별을 보고 큰 깨달음, 아뇩다라삼먁삼보리를 완전히 성취하십니다. 이를 두고 보통의 사람들이 7일만 수행하면 깨달음을 이룰 수 있겠다는 생각을 할 수도 있는데 그렇지가 않습니다. 우리 부처님은 전생은 물론이고, 깨달음을 이루기 전 몇 년 동안은 그 어떤 수행자보다 더한 수행을 하셨기에 가능하셨던 것이죠.

대부분의 사람들에게 깨달음이라는 것은 차츰차츰 열립니다. 깨달음에 대해 『화엄경』에서는 52단계라고 말하고 있어요. 십신(十信), 십주(十住), 십행(十行), 십회향(十廻向), 십지(十地)의 50단계에 등각(等覺), 묘각(妙覺)을 더해 52단계, 52계위입니다. 얼마 전 대구큰절에서 개금불사를 한 황금대원불도 깨달음의 52단계의 의미로 52척입니다. 또한 감포도량 보은전의 사경명상대탑도 약 15m, 즉 52척입니다. 우리절의 불사에는 어느 것 하나 그냥 지은 것 없이 그와 같이 모두 깊은 의미가 있어요.

깨달음에 그러한 단계가 있는 것처럼 우리는 깨달음에 대해 너무 욕심내지 말고 차츰차츰 밟아가는 것이 맞습니다. 자, 생각해 봅시다. 물을 끓이는 데 있어서 99도와 100도는 같을까요, 다를까요? 다릅니다! 끓는 점, 즉 비등점은 100도입니다. 100도가 딱 되어야 부글부글 물이 끓어요. 완전히 끓기 전까지는 70도인지, 80도인지 잘 모릅니다. 그처럼 완전한 깨달음에 들어가기 전까지는 내가 완전히 깨달았는지 덜 깨달았는지 알기 어렵습니다. 그러니까 우리는 '다 되어 가겠거니' 하고 생각하면서 계속 정진해 가는 것만이

상책입니다.

기도도 마찬가지입니다. 기도는 부처님 가피를 입기 위해서 하는 것입니다. 부처님 가피도 조금만 더 하면 100도가 될 텐데, 못 참고 99도에서 끝내버리는 경우가 많아요. 100도에 펄펄 끓는다는 것은 내가 이미 부처님 가피를 많이 입고 있다는 것을 느끼고 있는 지점인 것입니다. 99도까지는 모르는 거지요. 그러니 될 때까지 하면 됩니다. 참선도 될 때까지, 기도도 될 때까지 하는 것이라고 생각하면 됩니다.

그러면 부처님께서는 어떤 수행으로 마지막 일주일을 잘 정리해서 깨달음을 이루셨는가? 그 앞에 5년이라고 하는 세월이 있었기 때문에 단 일주일에 마지막 결론을 내린 것이지요. 그러니까 100도가 되기 위해서는 99도까지 불을 계속 지피는 보람이 있어야 한다는 얘깁니다. 간혹 어떤 스님들이 '일주일만 해봐. 일주일이면 깨우칠 수 있어'라고 하는데 그건 빈말입니다. 단 일주일만 해서 될 일이 아닙니다. 많은 세월, 많은 노력이 필요합니다.

『화엄경』에서 52단계의 깨달음의 단계를 두고 있다면, 근본 불교에서는 구차제정(九次第定)이라 해서 9단계 수행 계위가 있습니다. 초선정(初禪定), 이선정(二禪定), 삼선정(三禪定), 사선정(四禪定), 공무변처정(空無邊處定), 식무변처정(識無邊處定), 무소유처정(無所有處定), 비상비비상처정(非想非非想處定), 마지막 단계가 멸진정(滅盡定)입니다. 멸진정 삼매는 완전한 삼매입니다. 이 삼매가 있음으로써 삼매에서 깨치는 것입니다. 그래서 멸진정에 들어서 대도를 성취하는데 그것을 선방에서는 '구경각(究竟覺)을 성취했다'고 말합니다. 경전에서는 '무상정등정각(無上正等正覺), 아뇩다라삼먁삼보리를 성취했다'라고 하지요.

그러면 멸진정 삼매에 들려면 어떻게 해야 하는가, 반드시 화두선으로 들어가야 합니다. 비파사나 수행으로는 멸진정 삼매에 들 수가 없습니다. 부처님께서 많은 수행을 했지만 만족하지 못하고, 보리수나무 아래에서 일주일 만에 깨달음을 이루신 것은, 그때 당시에 다른 수행자들이 하는 것과는 전혀 다른 방법을 택했다는 얘기입니다. 그것이 무엇인가? 바로 자기 자신을 들여다보는 방법입니다.

'이 뭣고' '도대체 나는 무엇인가' '진정한 나의 주인공은 무엇인가' '허덕이고 돌아다닌 나의 진정한 주체자는 무엇인가?'

이것이 가장 강력한 동력을 가진 삼매 수련 방법입니다. 그래서 부처님은 멸진정이라는 정(定)에 드셔서 대각을 이루셨는데, '이 뭣고' '시삼마'와 같은 화두를 드셨던 게 분명합니다. 화두삼매는 사마타, 비파사나 보다 더 강한 추진력과 집중력을 요구합니다. 그런데 이 화두삼매가 어렵다보니 사람들이 사마타가 좋다, 비파사나가 좋다고 하면서 비교적 쉬운 수행법을 하려고 하는 것이죠. 하지만 어렵다 해서 그것을 무시할 수는 없어요.

화두삼매는 제가 주창하고 있는 선관쌍수와 비슷합니다. 선관쌍수가 어떤 수행법인지 잠시 설명하자면, 또렷하게 관세음보살을 생각하되 자나 깨나 특히, 잠자기 전에 꼭 관세음보살을 생각해야 합니다. 그러면 그 자체가 아주 좋은 비파사나 수행이면서 관(觀) 수행입니다. 거기다가 '지금 관세음보살님을 보고 있는 나는 무엇인가?' '무엇이 관세음보살님을 보고 있는가?' 하고 들여다보면 그것이 바로 선(禪) 수행입니다. 이렇게 선(禪)과 관(觀)을 동시에 닦는다 해서 선관쌍수(禪觀雙修)입니다. 이 선관쌍수 수행법은 「완벽한 참선법」이라는 책에 잘 소개되어 있습니다. 가지고 계신 분들은 책을 펴놓고 그대로 수련을 해보시기 바랍니다.

아무튼 부처님께서는 이렇게 해서 완전한 성취를 하시고 역대 조사나 큰스님들처럼 오도송(悟道頌)을 말씀 하십니다.

차유고피유(此有故彼有) 차기고피기(此起故彼起)
차무고피무(此無故彼無) 차멸고피멸(此滅故彼滅)
이것이 있음으로 저것이 있고,
이것이 일어남으로 저것이 일어난다.
이것이 없음으로 저것이 없고,
이것이 멸하므로 저것이 멸한다.

바로 이 연기법이야말로 제가 생각하는 부처님의 오도송입니다. 이 말씀 안에 모든 것이 다 포함되어 있어요. 부처님께서는 이러한 오도송을 말씀하시고 법열(法悅)에 들어가셨습니다. 법열은 깨달음을 통한 한량없는 기쁨입니다. 물론 이 법열은 사람에 따라서 각각 다르게 느껴집니다. 경전을 보고 법열을 느끼는 사람도 있고, 보시를 하고 법열을 느끼는 사람도 있고, 기도 중에 법열을 느끼는 사람도 있어요. 법열은 불자라면 누구든지 다 느낄 수가 있습니다.

그런데 부처님께서는 무려 7주, 49일 동안 법열을 누리셨다고 합니다. 얼마나 기뻤던지 깨달음이라고 하는 폭발적인 에너지, 그 기쁨의 에너지가 49일 동안이나 지속되었다니, 대단하죠. 이런 것이 바로 깨달음의 힘입니다.

우리가 깨달음을 얻으면 참나를 찾고, 지혜가 열리고, 삶의 힘을 얻게 된다고 하였는데, 부처님께서 깨달으시고 난 뒤에 삶의 힘을 얻게 된 일은 가장 먼저 최초 5비구와 관련이 있습니다.

부처님께서 최초 5비구를 만나기 위해서 녹야원으로 길을 떠나셨습니다. 그런데 그곳에 가려면 반드시 갠지스 강을 건너야 하는데 갠지스 강이 워낙 넓어 배가 아니면 건널 수가 없었습니다. 강을 건너기 위해 배를 타려고 해도 부처님께는 돈이 없었습니다. 그래서 그곳에 있던 뱃사공에게 부탁을 했어요.

"보시다시피 나는 수행자라 가진 돈이 없습니다. 그냥 태워줄 수 없겠습니까?"

그러자 사공이 말했어요.

"저도 먹고 살아야 합니다. 수행자라도 공짜로는 안 됩니다."

그러자 부처님은 "할 수 없지요. 제가 알아서 가겠습니다." 하고는 허공을 날아 강을 건너가 버렸습니다. 절로도강(折蘆度江)이라고 해서 달마대사도 갈댓잎 하나를 타고 양자강을 건넜다는 일화가 있는 것처럼 부처님은 물 위를 날아 강을 건넙니다. 그 모습을 본 뱃사공은 그야말로 기절초풍했을 겁니다. 그리고 뒤늦게 한탄을 하였겠죠.

'내가 왜 저런 복 밭을 놓쳤는가? 저 수행자에게 시주하였다면 큰 복을 받았을 텐데…. 난 참으로 박복하구나.'

아무튼 부처님께서는 그렇게 해서 녹야원으로 들어가셨습니다. 깨달음이라 하는 것은 이렇게 살아가는 데 필요한 힘도 얻을 수 있습니다.

持續保任 지속보임 - 꾸준한 보임

부처님께서는 깨달음을 이루신 후에도 지속보임(持續保任)을 하셨습니다. 꾸준한 보임은 닦은 바 없이 닦는 것입니다. '무수지수(無修之修), 닦은 바 없이 닦는다' 억지로 하지 않는다는 말입니다.

"벌써 초하루야? 날도 덥고, 절에 가기 귀찮은데…. 그래도 가야겠지?"

이렇게 억지로 마음을 내서 절에 올 게 아니라, 배고프면 밥 먹듯이 저절로 절에 와져야 합니다. 절에 오는 것이 그냥 즐겁고, 공부시간이 그냥 기다려지고, 부처님 뵙기가 그냥 기다려져야지, 결심해서 할 일이 아닌 것이지요.

제가 요 며칠 동안 관찰을 해 보니 지금 우리 한국불교대학은 옛날의 기도 분위기가 다시 좀 살아나고 있는 것 같아요. 대웅전 4층 대법당, 5층 적멸보궁에 가보면 기도하는 신도님들로 가득 찼어요. 아주 좋은 일이죠. 오후 2시에 특별히 서일 스님의 집전으로 봉행되는 기도에도 많은 신도님들이 동참하여 기도를 하더라고요. 이런 얘기를 듣거나 열심히 기도하는 모습을 보고 '아! 나도 기도 동참해야지' 하는 마음이 저절로 일어나면 기도가 잘되지요. 그것이 무수지수입니다.

부처님께서는 제자들과 하안거를 꼭 나셨습니다. 완전한 깨달음을 증득하신 부처님과 같은 분은 하안거를 하지 않으셔도 될 텐데도 불구하고 그럼에도 계속 보임을 하셨어요. 우리가 고무줄을 당겨서 쥐고 있다가 놓으면 늘어났던 고무줄이 다시 원점으로 돌아가지요. 보임은 이 고무줄이 삯을 때까지 들고 있는 것입니다.

공부를 아무리 많이 해도 방심하고 놓아버리면 늘어났던 고무줄이 원점으로 돌아가는 것과 같이 공부도 그러합니다. 그래서 보임이 필요한 겁니다. 박사 학위를 받았다고 해서 그냥 가만히 있을 게 아니라, 계속 연구를 하고 논문을 내야 하는 것처럼 깨달음의 세계도 그와 같습니다. 그런데 깨닫고 난 뒤의 공부는 앞에서 얘기 했던 것처럼 무수지수, 닦은 바 없이 닦는 경지라 공부 그 자체로 즐겁습니다.

圓滿廻向 원만회향 - 나누는 공덕행
불사, 포교, 복지, 노력봉사, 교육, NGO, 법문 등

　부처님께서는 돈이 없으셨기에 회향을 전부 법으로 하셨습니다. 사실 부처님의 법은 돈 보다도 천 배, 만 배 그 이상의 가치가 있지요. 정법을 중생들에게 설하셨다는 것은 돈으로 비교할 수 있는 일이 아닙니다. 최초 5비구부터 시작해서 수천, 수만, 지금까지 수억 중생에게 회향하고 있죠. 우리도 부처님의 그러한 전도, 전법 정신을 본받아야 합니다.

　"세상 사람들의 이익과 행복과 안락을 위하여 전도를 떠나라."

　부처님의 전도선언이죠. 세상 사람들의 이익과 행복과 안락은 곧 편안함입니다. 즉 세상 사람들의 편안함을 위해서 법을 전하라는 말씀하시면서 부처님 당신도 45년 동안 하루도 빠뜨리지 않고 법을 전하셨습니다. 이것이야 말로 원만회향이지요.

지금까지 無一 공부인의 본분사, (1) 진정발심, (2) 철저수행, (3) 완전성취, (4) 지속보임, (5) 원만회향, 이렇게 다섯 단계를 부처님 일대기에 비추어 말씀드렸는데 다시 한번 간단히 정리해 보도록 하겠습니다.

첫 번째 眞情發心(진정발심)입니다.

無一 우학 스님은 공부를 시작하기 전에 어떤 발심을 했는가? '無一 發心偈(무일 발심게)' 를 보겠습니다.

無一 發心偈(발심게)

將及閻羅(장급염라)
爾活怎麼(이활즘마)
發菩提心(발보리심)
成就大道(성취대도)

문득, 염라대왕 앞에 이를 것인데
너는 어떻게 살아갈 것인가.
보리심을 발하여
대도를 성취할지어다.

'너는 무엇을 하며 살아갈 것인가' 의 '너는' 저 자신을 지칭합니다. 제가 제 스스로에게 하는 말인 것이죠. 저는 집안의 장남, 장

손으로 태어났기에 출가하면 안 된다는 중압감 때문에 아주 힘들었습니다. 이 발심게를 자신의 발심게라고 생각하면서 한번 읽어 보시기 바랍니다.

두 번째 徹底修行(철저수행)입니다.

수행을 하다 보면 반드시 마장이 따르게 되어 있습니다. 그럴 때는 '도고마성(道高魔盛), 도가 높아지려고 그러나보다' 하고 생각하면 됩니다.

- 但不爲也(단불위야) 非不能也(비불능야) 단지 하지 않을 뿐, 할 수 없는 것이 아니다.
- 此身不向今生度(차신불향금생도) 更待何生度此身(갱대하생도차신) 이 몸을 금생에 제도하지 못하면, 다시 어느 생을 기다려 제도하리오.
- 불자는 깨달음에 관한한 부처님을 모델로 할 때, 가장 올바르며 가장 완벽하다.

'단불위야(但不爲也) 비불능야(非不能也), 단지 하지 않을 뿐, 할 수 없는 것이 아니다' 라고 하였습니다. 기도할 때도 이런 정신이 있어야 합니다. 자신감이 충만한 수행을 해야 하죠. 계속 보시면 '차신불향금생도(此身不向今生度) 갱대하생도차신(更待何生度此

身), 이 몸을 금생에 제도하지 못하면, 다시 어느 생을 기다려 제도 하리오' 즉 인간의 몸을 받은 지금, 불교를 만난 지금, 우리는 다부지게 공부하고 기도해야 합니다. 이것은 결정심, 결심이 함께한 수행이라야지 성취할 수가 있습니다. '이런 기회가 흔치 않다!' 라는 생각이 가득 차 있어야 해요. 그래야지 공부도 되고, 기도도 되고, 참선도 되고, 그렇게 깨달음의 길로 나아가게 되는 것입니다.

신도님들 중에 '화두 탄다' 하며 여기저기 절에 다니는데, 모두 쓸데없는 겉치레입니다. 화두를 탄다는 말도 아주 웃기는 말이지만 자기 화두는 자기가 챙기면 되는 것입니다. 혹 아직 화두를 가지고 있지 않다면 그런 분들께 '이 뭣고(是甚麽)' 화두를 드리겠습니다. 그래서 이제부터 이 화두를 가지고 자기 자신이 무엇인지, 자기 자신의 주인공이 어떻게 생겼는지, 나는 무엇인지에 대해 깊이 있게, 늘 생각해 보길 바랍니다. 예를 들면, 화가 날 때는 '화를 내고 있는 나는 도대체 무엇인가?', '이 화내고 있는 내가 진정 내 주인인가?' 하고 생각하면 되는 것이죠.

여하튼 기도, 수행할 때는 관세음보살님을 또렷하게 기억하고 생각하면서, 관세음보살님을 관하는 내가 무엇인지를 생각한다면 공부를 아주 잘 지어가고 있는 것이라고 할 수 있습니다.

세 번째 完全成就(완전성취)입니다.

大死一番絶後蘇生(대사일번절후소생)이라, 이 말은 크게 한 번

죽어 봐야지 크게 다시 태어난다는 말입니다. 이와 같은 맥락으로 '불시일번(不是一番) 한철골(寒徹骨) 쟁득매화(爭得梅花) 박비향(撲鼻香)'라는 말이 있습니다. '뼛골에 에이는 한 번의 추위 없다면 코끝 찌르는 매화향기 어찌 맛볼 수 있으랴' 하는 뜻으로 황벽스님의 말씀입니다. 또 '사중득활(死中得活)'이라고 해서 '죽어 봐야 살아난다'는 말이 있습니다. 즉 기도할 때도 자기 자신을 완전히 죽여야 하고, 참선할 때도 자기 몸과 마음을 완전히 버려야 합니다. 기도를 하면서 계산하고, 기도를 하면서 날씨 생각하고, 기도를 하면서 몸살 날 거 생각하면서 기도를 건성건성 하거나 조금하다 만다면 기도 성취가 있을 수 없습니다. 앞의 말씀처럼 죽어 봐야 합니다. 뼛골 에이는 한 번의 추위, 그런 맛을 봐야 매화향기가 코끝을 찌르는 것이죠. 죽음 가운데 사는 이치가 있는 것입니다.

네 번째 持續保任(지속보임), 제가 2014년 6월 4일에 쓴 보임게를 한번 보시겠습니다.

保任偈(보임게)

分明見本性(분명견본성)
習情非忽除(습정비홀제)
自旣約七年(자기약칠년)
是的中靈感(시적중영감)

> 분명히 본성을 보기는 하였다만
> 익힌 정들은 몰록 없어지지 않구나.
> 스스로 진작 7년을 기약했었는데
> 이것이야말로 적중한 영감이로다.

익힌 정(情)들은 몰록, 즉 단번에 없어지지 않습니다. 그렇기 때문에 수행은 조금 했다고 해서 끝이 나는 게 아니라 우리가 살아 있는 동안 계속해서 해야 합니다. 그래서 수행은 죽을 때 까지, 깨달음을 이룰 때까지 해야 한다는 것, 꼭 명심하셔야 합니다.

마지막 다섯 번째 圓滿廻向(원만회향)입니다. 나누는 공덕행. 불사, 포교, 복지, 노력봉사, 교육, NGO, 법문 등 이 모두가 다 회향입니다. 다음은 제가 쓴 회향이라는 시입니다.

회향(廻向)

> 이제나 저제나
> 꽃이 내가 되려나 하였는데
> 차라리
> 내가 꽃이 되는 게 편하겠다.
> 그래서 이 가문 날
> 물 주고 거름 준다.

> 내일이면
> 편하게 꽃이 되겠다.

오도(悟道)라고 해서 거창하고 큰 깨달음만 있는 것은 아닙니다. 크고 작은 깨달음이 누구에게나 있을 수 있어요. 그리하여 우리가 깨달으면 어떻게 되는가?

> **오도(悟道), 깨달음 순간의 현상**
> ① 게송(오도송) ② 법열
>
> **오도 이후 유념 사항**
> ① 점검(點檢) ② 필수보임(必須保任) ③ 교화중생(敎化衆生)
>
> ※ 한 사람의 깨달음으로 인해 세상은 밝아지고 많은 생명체들이 행복을 얻는다. 그리하여 깨닫는 사람이 나오길 간절히 기대하는 것이다.

위에 보는 것처럼 깨달으면 부처님처럼 오도송도 나오고 법열도 느끼게 됩니다. 한량없는 기쁨이 솟구치지요. 우리가 기도를 해도 아주 기쁠 때가 있습니다. 그런 느낌에 집착해서도 안 되지만 불자라면 기도나 수행을 통한 법열을 느껴 보셔야 합니다.

그런데 깨닫기만 하면 끝나는 게 아니라 깨달음의 후에도 우리가 유념해야 할 것들이 있습니다. 오도 이후의 유념 사항을 보시면 반드시 점검(點檢)을 받아야 한다고 하였습니다. 이때는 스스로의 점검이 제일 야무집니다. 물론 스승의 점검도 필요합니다. 깨달음도 아닌데 깨달았다고 착각하는 경우도 있기 때문입니다.

한번은 어떤 보살님이 제게 와서 말했습니다.

"스님, 제가 참선 중에 옛날에 잊어버렸던 학교 동창이 생각났습니다. 스님, 아무래도 제가 깨달아 가고 있는 것 같아요."

이건 뭘까요? 바로 망상입니다. 과거의 잊고 있던 일들이 생각나는 것은 참선을 하다 보면 식이 맑아져서 기억나는 것이지 깨달았기 때문이 아닙니다. 그런 것은 망상일 뿐이지요. 망상이 일어날 때는 절대 망상을 쫓아가지 말고 화두로 바로 돌아와야 합니다. 망상을 쫓아가다 보면 더 큰 망상만 일어납니다. 망상이라고 느끼는 그 순간에 원점으로 돌아와야 합니다. 관세음보살을 보고 있었다면 관세음보살로 바로 돌아와야 합니다. 더 이상의 방법은 없습니다.

그리고 오도 후에 공부는 필수보임입니다. 끝이 없이 계속 해 가야 합니다. 그리고 교화중생을 해야죠.

'한 사람의 깨달음으로 인해 세상은 밝아지고 많은 생명체들이 행복을 얻는다. 그리하여 깨닫는 사람이 나오길 간절히 기대하는 것이다.'

한 사람의 도인만 나오면, 한 사람의 부처만 나오면 그 지역에 사는 많은 사람들, 그 시대의 많은 사람들이 정법에 의지하게 되고, 행복할 수 있게 됩니다. 그래서 한 사람이 중요한 것입니다.

감포도량의 무일선원·무문관을 운영하는 데 사실 돈이 많이 들어요. 10명 이상의 스님들을 모셔놓고 매일 식사를 대접하고, 과일이나 떡, 제철 음식도 넣어드리고, 거기에다 스님들이 매일 쓰는 전기세, 물세 등을 생각해보면 만만치가 않아요. 하지만 그렇게 함으로써 깨달은 사람이 한 사람이라도 나온다면 그것만으로도 대단한 불사가 됩니다. 그 한 사람으로 인해서 얼마나 이 세상이 밝아지겠습니까? 그래서 무문관 같은 선방을 운영하는 것이지요. 그러니 여러분도 선방후원회에 들어와 주시면 도인을 배출하는 데 크게 도움이 되겠습니다.

우리 감포도량은 아주 특별한 곳입니다. 저는 오래전부터 일종식을 해왔지만, 무문관에 있는 스님들은 어쩔 수 없이 일종식을 합니다. 그래서 감포도량에서는 전 대중이 일종식을 하고 있어요. 앞으로 감포도량에 오셔서는 '스님, 오늘 저녁 안 줍니까?' 하시면 안 되고, 저녁은 알아서 드셔야 해요. 물론 아침도 안 줍니다. 12시에 점심 공양이 끝입니다.

백팔대참회문 네 번째 특강의 결론입니다.

우리는 매일 사시불공 때마다 백팔대참회문을 하며 알게 모르게 다음과 같이 서원하고 있습니다.

"제가 지금 마음을 냄은 사람, 하늘의 복 받음과 성문, 연각 내지 방편 가르침의 여러 단계 보살을 자신이 탐함이 아닙니다. 오직 최고 가르침에 의지해 깨닫겠단 마음을 냄이니, 원컨대 세상 중생과 더불어 일시에 똑같이 완전한 깨달음을 얻어지이다."

우리가 사람의 몸 받았을 때, 부처님의 법을 이렇게 만났을 때, 진정발심(眞情發心)하고, 철저수행(徹底修行)해서 완전성취(完全成就)를 얻어야겠습니다. 그리고 지속보임(持續保任)을 하면서 우리가 사는 세상과 세상 사람들을 위해 원만회향(圓滿廻向)하며 살아야 하겠습니다.

늘 건강하시고 여름철에 더위 드시지 말고, 날씨가 덥더라도 불교 공부, 수행하러 나오시는 것은 등한시하면 안 된다는 점, 꼭 명심하시길 바랍니다. 그리하여 큰 성취 있으시길 바랍니다.

관세음보살.

世上宇宙佛(세상우주불)
我中自性佛(아중자성불)
二佛同圓明(이불동원명)
無門場喜遇(무문장희우)

세상엔 우주불
나에겐 자성불
두 부처 함께 두렷이 밝더니
무문관 마당에서 기쁘게 만나네.

無一 우학 스님의 한시
二佛遭遇(이불조우)

백팔대참회문 특강(5)
2017.8.22. 음력7월 초하루

백팔대참회문 다섯 번째 특강, 먼저 본문을 보겠습니다.

> 至心歸命禮(지심귀명례) 十方盡虛空界(시방진허공계) 一切諸佛(일체제불)
> 온 세상(十方) 다함없는 우주(虛空界)의 일체 부처님들께 지심귀명례합니다.

'지심귀명례(至心歸命禮)'는 '지극한 마음으로 목숨 바쳐 예 올립니다'라고 지난 시간에 배웠습니다. 오늘처럼 우리가 초하루 기도에 동참해서 지극한 마음으로 목숨 바쳐 예를 올리는 것이 바로 지심귀명례죠. '시방진허공계(十方盡虛空界)'에서 시방은 '온 세상', 허공계는 '우주'라고 번역했습니다. 그래서 문장 전체를 연결하여 보면, '온 세상에 다함없는 우주의 일체 부처님들께 지극한 마음으로 목숨 바쳐 예 올립니다'가 됩니다. 오늘은 '일체제불' 즉 부처님에 대한 구체적인 내용을 가지고 법문을 하도록 하겠습니다.

자, 오늘은 모두 알다시피 초하루입니다. 그래서 우리는 정법도량이요 기도성취도량인 우리절 한국불교대학 大관음사에 이렇게 이른 아침부터 모였습니다. 그런데 생각해보면 기도는 집에서 해도 될 텐데 왜 우리는 부처님을 찾아서 굳이 절에 올 수밖에 없었을까요? 아니, 왜 우리는 부처님을 찾을 수밖에 없겠습니까? 그 답이 아래에 있습니다.

왜 우리들은 부처님을 찾을 수밖에 없는가?

> 歸依佛 兩足尊(귀의불 양족존)
> 부처님은 복덕과 지혜가 완전하기 때문이다.
> 우리들은 복덕과 지혜가 늘 부족하기 때문이다.

왜 우리들은 부처님을 찾을 수밖에 없겠습니까? 바로 우리 부처님은 귀의불 양족존(歸依佛 兩足尊)이기 때문입니다. 이를 해석하면 '거룩한 부처님께 귀의합니다'인데 번역이 조금 부족하지요.

양족존(兩足尊)의 兩은 '두 양(량)' 자로 둘이라는 뜻이고, 足은 '발 족' 자로 발이라는 뜻 외에도 여기에서처럼 '구족한다, 만족한다'는 뜻도 있습니다. 尊은 '높을 존' '존귀할 존' 자로서 양족존을 해석하면 '두 가지를 완벽하게 구족하고 계시는 존귀하신 분'이 됩니다. 그래서 귀의불 양족존은 두 가지를 완벽하게 구족하고 계시는 존귀하신 분, 부처님께 귀의한다는 뜻이 됩니다.

여기서 완벽하게 구족하고 있는 두 가지는 복덕과 지혜입니다. 즉 부처님께서는 복덕과 지혜가 완전하기 때문에 양족존입니다. 그래서 우리가 왜 부처님을 찾을 수밖에 없는가, 바로 복덕과 지혜가 완벽하시기 때문입니다. 복덕과 지혜를 합쳐 복혜(福慧)라고도 합니다. 그래서 부처님을 '복혜가 구족하신 분'이라고 표현하기도 합니다.

반면 우리들은 복덕과 지혜가 늘 부족하기 때문에 부처님을 찾을 수밖에 없습니다. 그러면 우리가 부족하다는 것은 어떻게 아는 것일까요?

첫째, 하는 일이 때때로 잘 되지 않을 때 우리는 복덕과 지혜가 부족함을 알 수 있습니다. 취직하려고 해도 잘 안 되고, 결혼하려고 해도 잘 안 되고, 진학하려고 해도 뜻대로 잘 안 되는 이 모든 것이 사실 복혜가 부족하기 때문입니다.

둘째, 삶에 우환이 들 때마다 우리는 또한 스스로가 복덕과 지혜가 부족함을 알 수 있습니다. 가족 간의 다툼이나 실직, 이별, 병고 등 삶에 있어서 어렵고 힘든 모든 일을 우환이라고 할 수 있습니다.

셋째, 착오를 일으키고 잘못된 선택을 하고 후회를 하는 등 하는 일에 실수가 따를 때 복과 지혜가 부족함을 알 수 있습니다.

이러한 모든 일에서 우리는 우리가 부족하다는 것을 느끼면서 살 수밖에 없습니다. 하지만 우리가 부처님 가까이에 있는 것만으로도 부처님의 복덕과 지혜를 우리 몸과 마음에 묻혀가고 얻어갈 수 있습니다. 그렇기 때문에 우리는 자주자주 부처님을 찾아뵙고 정성껏 모셔야 합니다. 우리는 그것을 때로는 귀의(歸依)라고 하고 때로는 시봉(侍奉)이라고 하기도 합니다.

부처님을 잘 모시는 방법

無一 五心 佛侍奉法(무일 오심 불시봉법)

有信必應(유신필응) 信中有果(신중유과)

① 하심(下心)・예경(禮敬)

② 절심(切心)・칭명(稱名)

③ 사심(捨心)・헌공(獻供)

④ 구심(究心)・학법(學法)

⑤ 락심(樂心)・행수(行修)

귀의가 넓은 의미로써 많은 뜻을 내포하고 있다면 시봉은 현실적으로 더 와 닿는 말입니다. 시봉의 한자는 '모실 侍(시)' 에 '받들 奉(봉)' 자로 이를 직역하면 '받들어 모심' 이라는 뜻입니다. 우리가 부처님을 받들어 모심, 즉 시봉을 잘하는 데 있어서 무엇보다 가장 중요한 것은 신심입니다.

"有信必應(유신필응) 信中有果(신중유과)"

이 말은 제가 만든 말인데 '유신필응(有信必應) 믿음 있으면 반드시 응답 있고, 신중유과(信中有果) 믿음 가운데 결과가 있다' 라는 뜻입니다. 즉 불자인 우리가 가장 먼저 챙길 것이 이 신심이라는 거죠. 그래서 부처님을 받들어 모시는 것도 오직 신심으로 하면 되는 것입니다.

신심을 굳건히 한 다음에 부처님을 잘 받들어 모시는 구체적인 방법에는 어떤 것들이 있을까, 그 구체적인 방법이 '無一 5심 불시봉법' 입니다.

첫 번째 방법은 하심(下心)·예경(禮敬)입니다.
예경이란 예로써 공경하는 것을 의미합니다. 우리가 부처님 전에 와서 예불을 드리는 것도 예경이며, 한 번이라도 정성껏 절하는 것도 예경입니다. 절을 할 때는 하심으로 해야 한다고 하는데 하심이란 자기 자신을 낮추는 마음, 겸손한 마음을 갖는 것을 의미합니다. 그래서 하심과 예경을 함께 하여 '지극히 겸손한 마음으로 예로써 공경하는 것', 이것이 부처님을 받들어 모시는 구체적인 첫 번째 방법입니다.

하심·예경은 한 번의 절이라도 내 이마를 완전히 땅에 붙이고 지극히 겸손한 마음으로 정성껏 하는 것을 말합니다. 절을 할 때는 절하는 나를 남이 어떤 눈으로 보든지 신경 쓰지 않고 오직 지극정성으로 해야 합니다. 주위를 두리번거리며 대충 절을 하는 것은 하심·예경이 아니죠. 그렇게 절하는 것은 처삼촌 벌초하듯이 하는 것과 다를 바가 없습니다. 처삼촌 벌초하듯 한다는 게 어떤 건가요. 건성건성 대충 한다는 말이죠. 절을 함에 정성들여 하지 않고 처삼촌 벌초하듯이 한다면 그 절에는 정성이 없기 때문에 공덕도 또한 없습니다.

두 번째 방법은 절심(切心)·칭명(稱名)입니다.

칭명이란 부처님 명호, 부처님 이름을 반복해서 부르는 것을 말합니다. 어쨌든지 간에 부처님의 이름은 자주자주 부르는 것이 좋습니다. 입에 배고, 몸에 배고, 마음에 배도록 아주 간절한 마음으로 불러야합니다. 이때의 간절한 마음을 절심이라고 합니다.

아기가 태어나서 어머니라는 말을 익히는 데만도 만 번의 노력이 필요하다고 합니다. 가족들이 쉼 없이 아기에게 말을 가르치고 아기가 따라 배우는 과정을 무려 만 번이나 반복해야 어머니라는 말을 익히게 된다는 것입니다.

사바세상을 헤매고 돌아다니다가 부처님 도량에 와서 부처님의 이름을 부르면 처음에는 어색할 수 있어요. 마치 아기가 어머니라는 말을 익히는 만큼 어렵고 어색할지도 모릅니다. 그렇지만 부처님의 이름을 정성껏 부르는 데 대해 어색해 해서는 안 됩니다. 아기가 어머니라는 말을 배우듯 그렇게 노력해야 합니다.

한편 어떤 부처님의 명호를 부를지 모르겠다면, 많은 부처님들 가운데 어머니의 대명사, 즉 어머니처럼 부를 수 있는 부처님, 바로 대성자모(大聖慈母) 관세음보살(觀世音菩薩)을 부르면 됩니다. 관세음보살의 명호를 부르는 것만으로도 온갖 부처님을 다 부르는 것과 같습니다. 오늘은 이 부처님, 내일은 저 부처님의 명호를 부를 것이 아니라 관세음보살의 명호만 부르면 나머지 모두가 만족이 된다는 말입니다.

그러면 부처님의 명호는 언제 불러야 할까요?

첫 번째는 일이 안 될 때 관세음보살의 명호를 불러야 합니다. 일이 안 되고 답답할 때 우리가 가장 먼저 떠올리는 사람이 누군가요? 바로 어머니입니다. 그것처럼 일이 안 되고 답답한 일이 많을 때 관세음보살을 불러야 합니다. 그래야만 안 되는 일이 풀리고 답답한 일들이 해결되어집니다. 즉 캄캄한 업장의 굴레에서 벗어날 수가 있는 것입니다.

149

두 번째는 일이 잘 될 때 관세음보살을 불러야 합니다. 일이 잘 되는데 왜 불러야 할까요? 대부분의 사람들은 일이 잘 되면 방심을 합니다. 방심할 때 사고가 많이 나는 법이죠. 그래서 일이 잘 될 때 만용을 부리지 않기 위해 감사하는 마음으로 늘 기도를 하는 사람이 정말 기도를 잘 하는 사람입니다.

세 번째 무시(無時), 즉 시도 때도 없이 관세음보살을 불러야 합니다. 시도 때도 없이, 일이 잘 될 때나 안 될 때나, 마치 저축하듯이 관세음보살을 불러야 합니다. 그렇게 해서 몸과 마음에 완전히 관세음보살이 배어야 합니다. 특히, 임종 시에 꼭 관세음보살을 불러야 하는데, 그 순간에 관세음보살을 부르는 것이 결코 쉽지가 않습니다. 그래서 연습이 필요한데 바로 잠자기 전에 관세음보살을 부르는 것이 가장 좋은 연습 방법입니다. 왜냐하면 잠자는 것이 일종의 죽는 연습이기 때문에 그렇습니다. 숨이 끊어지면 아무것도 없는 것처럼 보이듯이 잠들면 세상이 어떻게 돌아가는지 잘 모르죠. 그것이 죽는 연습입니다. 그래서 잠자기 전 기도는 죽기 전 기도와 같습니다. 잠자기 전 기도가 잘 되어있는 사람은 임명종시에도 자연스럽게 관세음보살을 부르게 되고, 그러면 그 사람은 인로왕보살(引路王菩薩)을 따라 극락세계로 가게 되는 것은 너무나도 당연할 것입니다.

자기 전에 관세음보살 정근이 잘 안 되는 사람은 휴대폰으로 인터넷에 '우학스님 관음정근'을 검색해서 그것을 들으면서 하면 한결 수월합니다. 관음정근이 대략 30분 정도 되는데 들으면서 같이 따라하다가 그대로 잠이 들어도 좋습니다. 그만큼 자기 전의 관음정근은 아주 중요합니다.

부처님을 잘 모시는 세 번째 방법은 사심(捨心)·헌공(獻供)입니다.

헌공(獻供)이란 공양을 바친다는 의미입니다. 공양을 바칠 때는 어떠한 마음으로 해야 할까요? 한마디로 사심으로 해야 합니다. 그러면 사심이란 어떤 마음일까요?

사심(捨心)의 捨는 '버릴 사' 입니다. 자비희사(慈悲喜捨) 사무량심(四無量心)의 '사' 자도 이 '버릴 사' 입니다. 그래서 사심공양, 사심헌공이라고 하면 버리는 마음으로, 즉 일체 대가나 다른 어떤 것을 바라는 마음이 아닌, 순수한 마음으로 공양하는 것을 사심공양이라 말합니다.

그래서 부처님 전에 갔을 때는 무엇이든 사심으로 정성껏 공양을 하면 됩니다. 공양 중에는 육법공양을 비롯해 많은 공양이 있지만 자기 형편에 맞게, 하기 쉬운 것부터 공양하면 됩니다. 생각 없이 과하게 하는 것도 바람직한 공양은 아닙니다. 그래서 삼사순례 또는 기도순례를 갈 때는 미리 내가 어떤 것을 공양할지 마음에 준비를 하고 가는 것이 좋습니다. 저도 다른 절을 갈 때나 성지순례

151

등을 갈 때면 불전금을 미리 준비를 합니다. 많고 적음이 아니라 내 사정에 따라 부처님 전에 나아갈 때는 늘 헌공하는 것이 중요합니다.

「선종사찰순례, 참나를 찾아서」라는 제가 지은 책에 소개했던 얘기인데 선종의 이조(二祖) 혜가 대사가 계셨던 이조사(二祖寺)를 갔을 때입니다. 정성껏 절을 올리고 시줏돈을 불전함에 넣는데 이 모습을 이조사의 중국 스님이 보고는 저에게 다가와 저에게 주고 싶은 것이 있다고 말하는 것이었습니다. 그래서 무엇을 주고 싶은지 물었더니 저를 이조사의 유명한 우물로 데리고 갔습니다. 그 우물은 달마대사께서 팠다고 알려져 있는데, 네 우물에서 단맛, 쓴맛, 신맛, 매운맛의 네 가지 맛이 난다고 해서 '사미정'이라고 합니다. 이조사 스님은 저에게 이 네 우물의 물을 모두 떠서 맛보게 하고는 맛이 어떠한지 물어보는데 솔직히 맛이 다른지 어떤지는 느껴지지 않았습니다. 그러나 어쨌든 정성껏 절하고 시줏돈을 넣는 바람에 그러한 호의도 받은 것이죠.

그와 같이 정성껏 절을 하고 헌공하면 작든 크든 공덕이 분명 있습니다. 그래서 우리가 어느 절에 가더라도 정성껏 절을 하고 바라는 마음 없이 헌공, 공양을 잘 해야 하는 것입니다.

부처님을 잘 모시는 방법을 간단히 요약하면, 첫째 지극히 겸손한 마음으로 예경하기(下心·禮敬), 둘째 간절한 마음으로 관세음보살님의 이름을 부르기(切心·稱名), 셋째 순수한 마음으로 언제나 헌공하기(捨心·獻供)가 부처님을 잘 모시는 다섯 가지 방법 중의 세 가지입니다. 네 번째와 다섯 번째 방법은 다음 초하루에 말씀드리겠습니다. 그때까지 앞의 세 가지 방법대로 부처님을 잘 모시길 바랍니다.

지금까지는 부처님을 잘 모시는 방법을 살펴보았는데 그렇다면 부처님을 잘 모시면 어떠한 공덕이 있을까요? 그것에 대한 답이 '無一 佛侍奉 二功德(무일 불시봉 2공덕)' 입니다.

부처님을 모시는 공덕

> **無一 불(佛) 시봉(侍奉) 2공덕(二功德)**
>
> ① 부처님을 닮아가고 - 초불(肖佛)
> ② 결국 부처님이 된다 - 성불(成佛)

부처님을 잘 모시는 공덕, 첫째는 부처님을 닮아갑니다. '닮을 초'를 써서 초불(肖佛), 즉 부처님을 닮아간다는 말입니다. 우리가 부처님 전에 와서 아주 간절한 마음으로 절하고 헌공하면 부처님을 닮아갑니다. 부처님을 닮아가다 보면 마침내 성불(成佛), 우리도 부처님이 되는 것입니다.

얼마 전 우리절의 대중 스님이 하는 백중법문 중에 '연등불'의 이야기가 있었습니다. 연등불은 연화국에서 태어나신 부처님으로 석가모니 부처님이 전생에 선혜라는 행자였을 때 수기를 주신 부처님입니다. 선혜 행자는 수도승이었는데 하루는 부처님이 마을을 지나가신다는 말을 듣고 부처님을 뵙고 공양하기 위해 설산에서 마을로 내려옵니다. 그리고 어렵게 코피카 공주로부터 일곱 송이 연꽃을 구해서 연등 부처님께 갔습니다. 선혜 행자가 보기에 저만치서 연등 부처님께서 걸어오시는데 마침 그 앞에 물웅덩이가 있자 망설이지 않고 자신의 옷을 벗어 그 물웅덩이를 덮었습니다. 그런데 자신의 옷으로도 물웅덩이를 다 덮지 못하자 선혜 행자는 자신의 머리를 풀어 물웅덩이를 덮습니다. 대단한 신심이죠.

수없이 많은 사람들이 부처님을 뵙고자 길거리로 쏟아져 나와 있었지만 아무도 선혜 행자처럼 공양하기 위해 전재산을 털어 꽃을 사고, 옷을 벗어서, 머리를 풀어서 부처님의 발이 젖지 않도록 물웅덩이를 덮지는 않았습니다. 그때 연등 부처님께서 선혜 행자를 향해 말씀하셨습니다.

"너의 신심이 참으로 장하고 장하구나. 너는 91겁 후에 부처가 될 것이니 이름을 석가모니라 하리라."

그렇듯 부처님을 간절하게 잘 모시면 부처님을 닮아가고 결국 부처님이 되는 아주 큰 공덕이 있습니다.

성철 스님의 상좌 스님 중에 원택 스님이라는 분이 계시는데 이 스님이 쓴 책이 「성철 스님의 시봉일기」라는 책입니다. 책의 표지에는 '20년간 성철 스님을 모신 원택 스님의 눈으로 우리 곁에 다시 온 큰 스승의 가르침'이라는 문구가 있습니다. 제가 이 책을 보고 느낀 것은 원택 스님은 성철 스님과 거의 같은 수준의 큰스님이 아닌가 하는 것이었습니다. 왜냐하면 성철 스님의 일기를 그토록 간절하게 기록을 잘 해둘 정도면 그분 역시 성철 스님만 한 인격과 은사 스님만 한 공부가 되었다는 것을 의미하기 때문입니다. 그래서 위대한 스승 밑에 큰 제자가 나는 것입니다.

그런 예는 얼마든지 있습니다. 아난 존자를 한번 생각해볼까요? 아난 존자는 부처님의 시자였죠. 부처님의 나이 55세부터 80세 열반에 드실 때까지 약 25년 동안 아난 존자는 부처님을 시봉했습니다. 그리고 부처님께서 열반에 드시고 가장 먼저 마하가섭 존자가 법을 이어 제1조가 되고, 그다음 바로 아난 존자가 제2조가 됩니다. 부처님 곁에서 오랫동안 시봉했기 때문에 부처님을 닮아갔고 결국 아난 존자는 부처님 자리에 오르게 된 것입니다. 이처럼 우리가 부처님을 잘 모시면 공덕을 크게 입게 됩니다.

부처님으로부터 공덕을 입는다는 말은 부처님의 가피를 입는다는 말입니다. 부처님을 지극정성 잘 모시고 기도하면 부처님 가피를 입습니다. 그래서 앞에서 얘기하였듯이 부처님처럼 복덕과 지혜를 갖추게 되는 것입니다. 우리가 부처님처럼 복혜를 갖추게 되면 하는 일이 뜻대로 되고 소원이 성취되며, 우리에게 닥치는 우환이 소멸되고 마장을 극복하게 됩니다. 이러한 모든 것이 부처님을 잘 시봉하면 입는 공덕입니다. 그러니 우리는 여기서 보이는 것처럼 부처님 시봉을 잘하면 큰 공덕이 있다는 믿음을 가지고 정말 부처님 제자답게 시봉을 잘해야 합니다.

일체의 모든 부처님

앞에서 잠깐 연등 부처님에 대해 이야기하였는데 법문을 듣거나 경전을 보다보면 얼마나 많은 부처님, 얼마나 많은 보살들의 이름이 등장하는지 모릅니다. 백팔대참회문을 매일 하면서도 그 내용을 잘 모르는 것처럼 절에 오래 다녔어도 체계적으로 부처님에 대해 알고 있는 불자들이 많지 않습니다. 부처님을 잘 시봉해야 한다고 말하면서 정작 부처님에 대해 몰라서는 안 되겠죠.

오늘 법문의 백팔대참회문 말씀이 '지심귀명례(至心歸命禮) 시방진허공계(十方盡虛空界) 일체제불(一切諸佛), 온 세상(十方) 다함없는 우주(虛空界)의 일체 부처님들께 지심귀명례 하옵니다' 입니다. '일체의 모든 부처님'께 지심귀명례를 하려고 하면 먼저 일체의 부처님들이 어떤 분들인지를 알아야하겠죠.

다음 '無一의 부처님 분류'를 한번 보겠습니다.

無一(무일)의 부처님 분류

1. 시대적 분류 ※영겁교화

    ① 삼천불 - 過去莊嚴劫千佛(과거장엄겁천불), 現在賢劫千佛(현재현겁천불), 未來星宿劫千佛(미래성수겁천불)

    ② 과거7불, 현재불, 미래불

2. 방편적 분류 ※應機敎化(응기교화)

    ① 아미타불, 석가모니불, 약사여래불

    ② 문수보살, 보현보살, 관세음보살, 지장보살, 대세지보살

3. 삼신(三身) 분류

    ① 법신불(法身佛) ② 보신불(報身佛) ③ 화신불(化身佛)

4. 의미적 분류

    ① 108찬탄문 - 새법요집(무일불교의범) p.339(또는 본문 265쪽 부록 참조)(지극한 마음 아뇩다라삼먁삼보리 부처님, 지극한 마음 행복 주시는 부처님…)

    ② 108참회문 - 새법요집(무일불교의범) p.349

5. 내외적 분류

    ① 외부의 부처님 - 우주불(宇宙佛) = 세상불(世上佛)

    ② 내안의 부처님 - 자성불(自性佛)

불자님들이 이해하기 쉽도록 일체의 모든 부처님들을 정리한

것이 '無一의 부처님 분류'입니다.

부처님을 크게 다섯 가지로 분류한 것을 먼저 살펴보면, 시대적 분류, 방편적 분류, 삼신 분류, 의미적 분류, 내외적 분류로 나누어 볼 수 있는데 지금부터 차례대로 살펴보도록 하겠습니다.

1. 시대적 분류

부처님을 시대적 분류로 살펴보면 가장 먼저 '영겁교화'라는 특징을 가지고 있습니다. 영겁교화라는 말은 영원한 세월동안 부처님께서 우리 중생을 교화하시고 계신다는 뜻입니다.

①번 삼천불은 우리절의 부속 출판사 좋은인연에서 나온「삼천배 삼천부처님」을 생각하면 이해하기 쉽습니다. 이 책은 절하는 불자들에게 도움을 드리기 위해 펴낸 책인데 시대적으로 과거, 현재, 미래겁에 각 천 분의 부처님의 명호가 담겨 있어서 모두 삼천부처님이 됩니다. 『삼천불명호경』이라는 경전에도 역시 이 부처님들이 등장하는데, 과거장엄겁천불(過去莊嚴劫千佛)은 과거를 아름답게 꾸몄던 천 분의 부처님, 현재현겁천불(現在賢劫千佛)은 현재 이 세상을 부처님 세계로 만들어가는 천 분의 부처님, 미래성수겁천불(未來星宿劫千佛)은 미래를 불국토로 만들어가는 별자리만큼 많은, 즉 천 분의 부처님입니다.

②번 과거7불, 현재불, 미래불에 대해서는 한국불교대학 大관음사 신입생 과정에서 배웠습니다.「새로운 불교공부」상권의 '그

많은 부처님'이라는 단락에 자세하게 설명이 되어 있죠.

과거7불은 비바시불(毘婆尸佛), 시기불(尸棄佛), 비사부불(毘舍浮佛), 구류손불(拘留孫佛), 구나함모니불(拘那舍牟尼佛), 가섭불(迦葉佛), 석가모니불(釋迦牟尼佛)을 말합니다. 앞의 세 분의 부처님은 과거장엄겁에 나신 부처님, 뒤의 네 분 부처님은 현겁에 나신 부처님으로 지금 우리가 살고 있는 세상은 석가모니 부처님의 교화시대이기 때문에 현재불은 석가모니불이 됩니다. 미래불은 석가모니불의 뒤를 이어 중생을 구제할 미래의 부처님, 곧 미륵불(彌勒佛)입니다.

현재 감포도량 아래 개울 건너에 선방 겸 대안학교 학사를 한 동 짓고, 두 번째 한 동 공사를 착수했는데 그 법당의 이름이 '용화전'입니다. 미륵부처님께서 용화수 아래에서 깨달음을 이루고 용화세계를 건설하신 데서 용화전이라는 이름을 붙인 것입니다. 또 한 동의 이름은 '연화전'인데 연등부처님께서 태어나신 연화국의 이름에서 착안하여 그렇게 이름을 지었습니다.

2. 방편적 분류

방편적 분류를 통해 부처님을 살펴보면 '응기교화(應機敎化)'의 특징을 가지고 있습니다. 대기설법이라는 말은 익히 알고 계시는데 이 응기교화는 처음 들어보는 말일 것입니다. 이 말은 제가 만든 말로써 '근기에 의해서 교화하시는 부처님 또는 그런 모습'을 의미합니다. 바로 현재적 부처님입니다.

근기에 의해 교화하시는 대표적인 부처님이 아미타불, 석가모니불, 약사여래불입니다. 아미타불은 서방정토 극락세계에 계시면서 부처님 명호를 일념으로 부르는 사람을 아름답고 편안한 세계로 맞아주시는 부처님입니다. 극락세계 부처님이죠. 그 다음 석가모니불은 현재의 인간들을 교화하시기 위해 방편적으로 계시는 부처님이고, 약사여래불은 우리 중생들의 몸과 마음의 병을 낫게 해주시는 부처님입니다. 우리절에는 대구큰절 3층 대법당과 감포도량 문수전 위에 12미터 높이의 약의왕여래불이 계십니다. 옛날에는 약사여래불만 있으면 되었지만 이제는 약을 제조해주는 약사뿐 아니라 병을 직접적으로 들여다보고 고쳐주는 의사도 있어야 하겠기에 약의왕여래 부처님을 문수전 위에 모셨습니다. 약의왕여래불은 아프지 않도록 염원하면서 동시에 아픈 몸과 마음을 낫도록 염원하는 부처님입니다.

세상을 사는 동안 우리를 가장 힘들게 하는 것이 무엇이겠습니까? 바로 병입니다. 사는 동안 병에 걸리지 않고 인생을 즐기며 살다가 갈 수만 있다면 그 삶은 아주 복 받은 삶, 멋있는 삶이었다고 할 수 있습니다. 하지만 현실은 병으로 아프다가 고통스럽게 가는 경우가 대부분입니다. 우리절에서도 노인전문 요양병원인 무량수전과 영천의 참좋은 요양병원을 운영하고 있지만 여기에 계신 분들이 모두 병으로 아파하는 분들입니다.

세상을 살다보면 누구나 한번쯤은 감기나 배탈 등 아주 작은 병이라도 걸리게 됩니다. 하지만 아프지 않고 살 수 있는 방법은 없을까요? 있습니다. 바로 한국불교대학을 열심히 다니면 병 없이 살다가 편안히 눈을 감을 수 있습니다. 자식들에게 "아들아~ 나는 간다. 잘 있어라!" 하고 정말 멋있게 인사하고 갈 수 있는 방법이 바로 한국불교대학에 부지런히 다니면서 기도하고, 사경하고, 참선하고, 봉사하면서, 즉 부처님을 열심히 시봉하는 삶을 살면 아프지 않고 편안히 눈 감을 수가 있는 것입니다.

방편적 부처님 중에는 보살의 이름을 가지고 계신 부처님들이 많은데 보살이라고는 하지만 사실은 모두 부처님입니다. 지혜의 완성을 상징하는 문수보살, 실천행의 대명사 보현보살, 대자대비의 마음으로 중생을 교화하시는 대성자모 관세음보살, 지옥의 중생들을 구제하기 위해 몸소 지옥으로 들어가 죄지은 중생들을 교화·구제하시는 대원본존 지장보살, 용기의 화신 대세지보살 등이 모두 보살의 칭호를 가지고 계시나 부처님이신 분들입니다. 이렇게 방편적 부처님, 즉 중생의 근기에 따라서 나투어 교화하시는 부처님이 많이 계십니다.

이렇게 우리 중생들의 삶 깊숙이 들어와 계시는 5대 보살님이 곧 우리절 감포도량 해룡일출大관음사에 모셔집니다. 해룡일출大

관음사는 제가 신도님들과 약속했던 세계명상센터 해변힐링마을에 짓고 있는 절입니다. 해변힐링마을을 다녀가신 분들은 알겠지만 그곳 바닷가의 바위들이 모두 용을 닮았기에 이름을 해룡일출 大관음사라고 이름을 지은 것입니다. 출렁이는 파도에서 사람에게 유용한 음이온이 많이 나온다고 하는데 완성되고 나면 그곳에서 마음껏 음이온도 마시면서 기도하면 건강하게 모든 소원을 성취할 수 있으리라 봅니다. 세계명상센터는 해변힐링마을 해룡일출大관음사를 비롯해 연대산 산길명상, 보은전 차명상, 왕대나무 숲길명상 등 심신의 건강을 위한 아주 최적의 장소인 만큼 언제 한번 꼭 다녀가시길 바랍니다.

3. 삼신 분류

삼신(三身) 분류는 법신불(法身佛), 보신불(報身佛), 화신불(化身佛) 이렇게 세 부분으로 분류하는 분류법입니다.

법신불은 모든 부처님의 근원인 진리의 부처님, 보신불은 원과 행의 과보로 나타나시는 부처님, 화신불은 천백억화신이라는 말이 있는 것처럼 중생의 근기에 따라서 나타나시는 부처님을 의미합니다. 삼신불은 일월삼신(一月三身)이라고 하여 법신불은 달 그 자체로서 청정법신 비로자나불이 해당되며, 보신불은 달에서 생겨 일체를 두루 비추는 달빛으로 원만보신 노사나불, 화신불은 물에 비친 달그림자에 비유되며 앞에서 설명한 과거7불, 석가모니불, 미륵불 등이 여기에 해당됩니다. 삼신불에 대해서는 「새로운 불교공부」 상권이나 「화엄경약찬게 강설」 1권에 상세하게 잘 나와 있습니다.

4. 의미적 분류

부처님은 너무나 많은 복덕과 지혜, 엄청난 힘과 능력, 끝없는 대자비심, 구족원력 등을 가지고 계시는 분이기 때문에 부처님들의 속성과 의미를 나열하기에는 한도 끝도 없습니다. 그래서 의미적 관점에서 관찰하여 부처님을 분류한 것이 의미적 분류에 속합니다.

새법요집(무일불교의범) 350쪽, 108대참회문의 9번을 보면 지심귀명례 보광불을 시작으로 보명불, 보정불, 다마라발전단향불, 전단광불, 마니당불 등 부처님의 명호가 계속해서 나옵니다. 이러한 부처님들은 실제 계실 수도 있지만 의미에 더 초점을 둔 부처님의 명호들입니다. 예를 들어 보광불(普光佛)은 넓은 빛을 가지고 계시는 부처님, 넓은 광명을 가지고 계시는 부처님, 또는 넓음, 깨끗함, 청정함을 가지고 계시는 부처님 등 의미적으로 이해하면 된다는 말입니다.

108참회문은 정확한 출처 없이 옛날부터 내려오던 글입니다. 중국성지순례를 할 때 중국인들도 108참회문을 가지고 수행하는 것을 알 수 있었는데, 그때 한문으로 된 108참회문은 우리나라 사람들이 이해하기가 어렵겠다는 생각이 들었습니다. 그래서 이 108참회문을 비롯해서 부처님의 많은 능력을 의미적으로 다시 새겨서 만든 것이 새법요집(무일불교의범) 339쪽 '부처님 백팔찬탄문' 입니다. 이 부처님 백팔찬탄문은 해석이 필요 없는, 한글을 아는 사람이라면 누구나 이해할 수 있는 의미의 부처님들입니다. 현재 우리절에서는 짝수 날 사시불공에 '108참회문' 대신 이 '부처님 백팔찬탄문'으로 108배를 하고 있는데, 그 내용을 보면 '지극한 마음 아뇩다라삼먁삼보리 부처님, 지극한 마음 행복 주시는 부처님, 자비(慈悲)로우신 부처님, 소원성취(所願成就) 부처님, 은혜(恩惠)로우신 부처님, 삼업 청정(三業 淸淨) 부처님' 등 말 그대로 바로바로 이해가 됩니다. 그런 면에서 '부처님 백팔찬탄문'으로 수행을 하면 부처님의 능력과 자비원력을 바로바로 되새기게 되어 아주 좋습니다. 그렇게 꾸준히 수행하면 우리가 실지로 부처님의 자비 원력을 갖게 되고, 부처님의 능력을 갖게 됩니다.

5. 내외(內外)적 분류

내외적 분류로 보면 내 안의 부처님과 내 밖의 부처님으로 나누어 볼 수 있습니다. 그래서 내 안의 부처님을 '자성불' 이라 하고 외부의 부처님, 내 밖의 부처님을 '우주불, 세상불' 이라 이름하였습니다.

내 안의 부처님, 즉 자성불이란 자기 부처님을 의미합니다. 내 안에 자기 부처님이 계신다는 뜻입니다. 같이 자고, 같이 일어나고, 같이 밥 먹고, 같이 일하고, 같이 걸어 다니는 등 이렇게 늘 나와 함께 하는 부처님이죠. 이렇게 함께 동행하는 부처님이 사람들 누구에게나 모두 다 있습니다. 그래서 내 안의 부처님을 한자로 '스스로 自(자)', '성품 性(성)'을 써서 자성불(自性佛)이라고 한 것입니다. 그리고 우리는 우리 안에 있는 이 자성불을 믿어야 합니다.

왜 그러할까요? 왜 자성불을 믿어야 하고, 왜 자성불을 찾는지, 그 의미가 어디에 있을까요?

그것은 바로 첫째 자기 자신의 끝없는 긍정이요, 둘째 자기 자신의 무한 가능성의 확인이며, 셋째 자아 정체성의 확립이며, 넷째 자존감과 삶의 질을 높이는 데 그 의미가 있습니다. 자성불, 자기 부처님을 믿고 찾는 의미가 여기에 있습니다.

다섯 가지 분류를 통해 살펴본 부처님들 중 중요하지 않은 부처님이 없지만 특히 이 자성불은 오늘 법문의 본론이자 결론이라 할 수 있을 만큼 중요합니다.

그러면 내 안의 부처님, 자성불은 과연 어떻게 존재하는 것일까요?

自性佛(자성불) = 자기 부처님의 열 가지 속성의 드러남
※ 자성불 = 자기 부처님 = 마음(살아있는 마음) = 깨어있음

위의 내용을 보면 자성불을 '자기 부처님의 열 가지 속성의 드러남' 이라고 하였습니다. 또한 '자성불 = 자기 부처님 = 마음(살아있는 마음) = 깨어있음' 이라고도 하였습니다. 즉 자성불은 자기 부처님이요, 살아있는 참마음이며, 그것은 곧 깨어있음과 같다는 말입니다. 그래서 자성불의 10가지 속성이란 '10가지 깨어있음의 속성이 드러남', '10가지 깨어있음이 나타남' 이라고 할 수 있겠습니다. 이것을 『화엄경』에서는 '십불(十佛)' 이라고 하고, 『법성게』에서는 '십불보현대인경(十佛普賢大人境)' 이라고 합니다.

그리하여 십불보현대인경의 '십불' 을 잘 살펴보면 자성불, 내 안의 부처님이 어떻게 작용하는지 알 수 있습니다.

十佛普賢大人境(십불보현대인경)

① 無着(무착)불 : 집착 없음. 授而不冀(수이불기)

② 願(원)불 : 원을 세움.

③ 業報(업보)불 : 업보를 받아들임.

④ 持(지)불 : 공덕심을 가지고 공덕행을 함.

⑤ 化(화)불 : 교화함.

⑥ 法界(법계)불 : 세상을 아름답게 봄.

⑦ 心(심)불 : 마음을 한량없이 넓게 가짐.

⑧ 三昧(삼매)불 : 집중함.

⑨ 性(성)불 : 참성품의 드러남.

⑩ 女意(여의)불 : 뜻과 같이 됨.

※ 나무 자성불!! 自燈明(자등명)・自歸依(자귀의)

① 無着(무착)불

집착 없음 또는 집착 없는 마음이 무착불입니다. 내가 무엇인가 베풀 때 집착 없이 순수하게 베풀었다면 그것은 곧 자기 부처가 살아있다는 증거입니다. 授而不冀(수이불기), 주면서 바라지 말라는 뜻입니다. 흥부는 아무 대가를 바라지 않고 제비의 다리를 고쳐주었지만 형 놀부는 바라는 바가 있어서, 고의로 제비의 다리를 부러뜨리고 치료를 해주죠. 부러진 다리를 치료한 결과적 행위는 같을지라도 그 마음의 차이는 하늘과 땅 차이만큼 큽니다. 수이불기라는 말은 흥부처럼 순수하게, 집착함 없이 베풀라는 그런 의미입니다.

『금강경』제18분에 '과거심불가득(過去心不可得) 현재심불가득(現在心不可得) 미래심불가득(未來心不可得)' 이라는 말씀이 있습니다. 이 말씀은 '과거의 마음도 얻을 수 없고 현재의 마음도 얻을 수 없으며 미래의 마음도 얻을 수 없다' 는 뜻으로 과거, 현재, 미래 그 어디에도 집착하지 말라는 의미입니다. 또『금강경』제10분에 '응무소주이생기심(應無所住而生其心), 응당 머무르는 바 없이 그 마음을 내라'는 말씀이 있는데, 이는 일체의 상을 떠나 청정한 마음을 쓰라는 말씀입니다. 일체의 상을 떠나, 즉 집착하지 말라는 말입니다.

무착불, 자식에 대해서도 집착하지 말고 배우자에게도 집착하지 말고 먹는 것, 입는 것에 대해서도 집착하지 말고 지난 일, 오지 않은 미래에 대해서도 집착하지 말라는 의미가 담겨 있습니다. 집착함이 없다면 내 안의 부처님이 잘 작용하고 있다는 말이기도 합니다.

② 願(원)불

원불은 원을 세우는 마음입니다. 내가 속한 공동체를 위해서 좋은 일을 하겠다는 다짐, 그것이 원입니다. 예를 들면 지금 내가 다니고 있는 한국불교대학 大관음사를 위해서 포교도 많이 하고 봉사도 많이 하겠다고 다짐하는 것도 원입니다. 그런 마음이야말로 부처님의 마음이고 자성불의 드러남입니다.

"큰스님, 저는 병원기도봉사를 앞으로 10년은 꼭 할 겁니다."

"큰스님, 저는 죽을 때까지 한국불교대학의 지도 선배를 하겠습니다."

이렇게 원을 세우는 분들이 있는데 아주 좋은 원입니다.

③ 業報(업보)불

업보불, 말이 조금 어려운데 '업보를 받아들임' 이라는 말입니다. 업보를 받아들인다는 것은 어떤 상황을 만나더라도 긍정적으로 받아들인다는 뜻입니다.

"아, 이만해서 다행이야. 부처님, 감사합니다."

업보를 받아들인다는 것은 바로 이런 마음을 내는 것을 의미합니다. 하지만 이런 마음을 내기가 쉽지 않습니다.

감포도량에 있는 무일선원의 무문관은 하루에 한 끼 먹는 일종식을 하는데 대부분은 반찬 투정을 하지 않지만 극히 일부의 스님이 '하루에 한 끼 주는데 반찬이 왜 이 모양입니까!' 라며 불평불만을 종이쪽지에 써서 냅니다. 무문관의 스님들을 시봉하는 감포 종무원들이 음식을 대충하거나 맛없게 하지도 않지만 설사 입에 맞지 않더라도 화를 내거나 투정을 부리는 것은 업을 받아들이는 게 아니죠. 반면 '제 수행을 위해 이렇게 애써 주시니 감사합니다. 이 한 끼 공양으로 더욱더 힘을 내어 수행정진 하겠습니다. 정말 고맙습니다' 라고 마음을 표현하는 스님들도 있습니다. 그렇게 말하는 스님들도 사실은 공양이 입에 잘 맞지 않거나 부족할 수도 있음에도 그 상황, 업보를 받아들였기 때문에 그렇게 감사 인사를 할 수 있는 것이죠.

세계 역사를 돌아보면 장애를 극복하고 훌륭한 업적을 이룩한 사람이 많습니다. 장애라는 역경을 딛고 성공한 후에 '한 쪽 눈이 없었기에' 또는 '다리가 없었기에 성공할 수 있었다' 는 말을 하곤

합니다. 그런 사람들은 상황을 탓하고 부모를 탓하고 장애를 탓하지 않고 업보를 받아들임으로 큰 사람이 되었던 것입니다. 이렇게 업보를 받아들일 때 그 마음을 업보불이라 합니다.

④ 持(지)불

늘 공덕을 짓겠다는 마음이 있어야 합니다. 공덕을 짓는 것은 나뿐만 아니라 내 후손, 내가 알지 못하는 남에게도 좋은 일입니다.

'내가 비록 출가는 못하지만 선방에 계시는 스님들이라도 시봉해야지.'

'세계명상센터가 잘 돼서 더 많은 사람들이 몸과 마음의 병을 고쳤으면 좋겠어. 후원회에 가입을 하면 적게나마 도움이 되겠지.'

내가 공덕을 지으니 나와 내 후손에게 그 공덕이 돌아가는 것은 물론이요, 세계명상센터를 이용하는 많은 사람들, 시봉을 받는 선방의 스님들이 큰 깨달음에 이르면 결국 모든 사람들에게 좋은 일이 되는 것이죠. 이렇게 공덕을 짓겠다는 마음을 가지고 공덕행을 하는 것을 지불이라고 합니다.

⑤ 化(화)불

'내 친구도 절에 가면 좋을 텐데.'

'며느리와 같이 절에 다니면 좋겠다.'

'우리 시부모님도 절에 다니시면 참 좋겠어.'

타인을 교화하려는 마음, 포교하려는 그 마음과 행동이 바로 부처입니다. 포교는 불자의 권리이자 의무이며, 그것을 바르게 실천하는 것이 화불입니다.

⑥ 法界(법계)불

우리는 세상을 어둡게 보고 추하게 바라볼 때가 있습니다. 하지만 세상을 있는 그대로 부처님으로 보면 아름답지 않은 것이 없습니다. 때때로 세상이 너무나 아름답게 보이는 경험이 누구에게나 있을 텐데요. 그래서 그 아름다운 것을 그림으로 그리기도 하고, 사진을 찍기도 하고, 시로 표현하기도 합니다. 그런 아름다운 긍정적인 마음자리가 부처님 마음입니다. 이를 법계불이라 합니다. 즉 내 마음이 긍정적으로 살아있고, 내 마음이 아름답게 살아있을 때, 거기에 부처님이 계신다는 말입니다.

⑦ 心(심)불

심불은 마음을 한량없이 넓게 가짐을 의미합니다. 터무니없이 나를 욕하거나 비방하는 소리를 듣더라도 화내지 않고 돌부처마냥 빙그레 웃으면서 '저 사람은 나를 저렇게 생각하는 구나!' 할 뿐입니다. 그렇게 초연하게 마음을 넓게 쓰면 곧 잊힐 일인데 시시비비를 가리려고 들면 큰 싸움만 될 뿐입니다. 가족 간이든 친구 간이든 또는 직장에서든 전혀 터무니없는 말을 듣더라도 초연한 마음으로 지나가는 것이 그 터무니없는 말을 잠재우는 가장 빠른 길입니다. 그렇게 마음을 한량없이 넓게 가질 때, 그때 그 마음이 부처의 마음, 심불입니다.

⑧ 三昧(삼매)불

삼매불은 어떤 부처님을 말하는 것이겠습니까? 삼매, 마음을 한곳에 집중한다는 말이죠. 즉 삼매불은 집중할 때의 마음, 그 자리를 말합니다. 어떤 망상도 짓지 않고 집중할 때가 바로 부처님의 마음입니다. 집중해서 기도하고, 집중해서 사경하고, 집중해서 참선하는 그 모습을 보면 영락없이 부처님입니다. 무슨 일을 하든지, 밥을 짓든 청소를 하든 회사 일을 하든 공부를 하든 집중해서 할 때 부처님의 마음, 삼매불이 되는 것입니다.

⑨ 性(성)불

성불은 참성품의 드러남을 의미합니다. 화가 날 때 '화내는 이 마음이 무엇인가?' 하고 살피는 마음을 성품이라고 합니다. 그러니까 자신을 점검하고 자신을 진정한 주인공으로 받아들이는, 즉 자기 자신을 잘 관리하는 고차원적인 참성품이 드러남을 성불이라고 합니다.

⑩ 女意(여의)불

여의란 '뜻과 같다' 라는 말입니다. 일을 하다보면 내 뜻과 같이 술술 잘 될 때가 있습니다. 그것이 무엇인가, 바로 내 안의 부처님, 자성불의 영험입니다. 본래 나의 힘과 나의 능력은 무한대인데 그 힘의 바탕이 바로 자기 부처님, 자성불에 있다는 말입니다. 그래서 내 안에 있는 자성불의 힘, 자성불의 영험이 발휘될 때 뜻과 같이 일이 이루어지고 그것을 여의불이라 하는 것입니다.

"自燈明(자등명) 自歸依(자귀의), 자기 자신을 등불로 삼고, 자기 자신에 의지하라!"

부처님의 마지막 말씀인 이것은 스스로가 밝은 등불이요, 스스로가 귀의처라는 뜻입니다. 그래서 내 안의 부처님, 자성불은 스스로가 받들어 모실 대상입니다. 그런 의미에서 나무자성불입니다. 나무는 귀의하다, 자성불은 내 안의 부처님, 그래서 나무자성불은 자기 부처님께 귀의한다는 의미가 되겠습니다. 쉽게 말해서 내가 나를 믿는다는 말이죠. 내가 나를 믿지 못한다면 누가 나를 믿어주겠습니까. 내가 나를 믿는 만큼 세상은 아름답고 거룩합니다. 반대로 내가 나를 믿지 못하면 세상은 힘들고 어려운 곳입니다. 나무자성불, 모두 자기 부처를 공경하고 믿으시기 바랍니다. 그만큼 아름답고 거룩한 일은 없습니다.

이러한 자성불에 삼대(三大), 크고 중요한 세 가지가 있습니다. 바로 체·상·용(體·相·用) 삼대입니다.

사실 세상의 모든 것들이 체·상·용 삼대로 되어 있습니다. 예를 들면 물의 체, 즉 근본 바탕은 $H2O$라는 성질입니다. $H2O$라는 물이 어떤 모양을 가지느냐에 따라서 강물도 되고, 바닷물도 되고, 컵 속의 물도 되는 것입니다. 그것을 상(相)이라고 합니다. 컵

속의 물, 강물, 바닷물이 상입니다. 그런데 그 물들이 어떻게 쓰이는가, 그것이 바로 용입니다. 컵에 담긴 물은 갈증을 해소하는 데 쓰고, 강물은 농사를 짓는 데 쓰고, 바닷물은 소금이나 양식장 또는 사람들의 물놀이 등에 사용되는 것처럼 같은 물이지만 그 쓰임은 다 다릅니다. 이렇게 물 하나도 체·상·용으로 설명이 됩니다.

그것처럼 자성불 또한 삼대로 이루어져 있습니다. 그래서 자성불의 불체는 자기 부처님의 바탕, 자성불의 불상은 자기 부처님의 모습, 자성불의 불용은 자기 부처님의 작용입니다. 그러한 자성불, 자기 부처의 삼대를 발견하는 체험은 참으로 불가사의하고 환희용약합니다.

다음은 제가 2014년 5월 27일, 28일 이틀 동안 제 자성불의 삼대, 즉 불체, 불상, 불용을 경험하고 느낀 것을 한시로 지은 것입니다.

無一 自性佛의 三大(體·相·用)

佛體(불체) 자기 부처님의 바탕

佛體生命之根源(불체생명지근원)
非大非小非美醜(비대비소비미추)
廓然無一而非無(확연무일이비무)
心卽自性佛是心(심즉자성불시심)

부처의 체는 생명의 근원으로

크지도 작지도 않으며 아름다움도 추함도 아니로다.

텅 비어 하나도 없으나 없는 것도 아니니

마음이 곧 자기 성품이요, 부처는 바로 마음이로다.

佛相(불상) 자기 부처님의 모습

佛相生命之表出(불상생명지표출)

黃黑白色佛莊嚴(황흑백색불장엄)

山凸隆海水面平(산철융해수면평)

笑花是心靑草亦(소화시심청초역)

부처의 상은 생명의 나타난 모습으로

황색, 흑색, 백색이 부처장엄이로다.

산은 볼록 높고 바다는 수면 평평하노니

웃고 있는 꽃이 마음이요, 푸른 풀 또한 그러하도다.

佛用(불용) 자기 부처님의 작용

佛用生命之活動(불용생명지활동)

生死去來主人事(생사거래주인사)

要說卽說默卽默(요설즉설묵즉묵)

不牽慈慧卽心佛(불견자혜즉심불)

> 부처의 용은 생명의 활동으로
> 나고 죽음, 오고 감이 주인공의 일이로다.
> 말하고져 할 때 말하고, 침묵하고자 할 때 침묵하노니
> 자비 지혜를 억지로 끌고 오지 않아서, 지금 쓰는 이 마음
> 이 부처로다.

'불견자혜즉심불(不牽慈慧卽心佛), 자비 지혜를 억지로 끌고 오지 않아서 지금 쓰는 이 마음이 부처로다' 이 말처럼 자비 지혜는 억지로 되는 게 아니라 공부가 익어 가면 저절로 자비가 되고, 저절로 지혜가 돋아나는 것입니다. 평소 꾸준히 한 기도와 공부라야 지금 쓰는 이 마음이 그대로 자비심이 되고 지혜심이 됩니다. 이렇게 자비심, 지혜심의 작용이 자성불의 불용입니다.

지금까지 우리는 내 안의 부처님, 자성불에 대해 살펴보았는데, 내 안의 부처님은 내 밖의 부처님과 어떤 관계가 있을까요?

첫째, 내 안의 부처님, 즉 자성불의 크기만큼 온 세상 가득히 계시는 우주불의 크기가 보입니다. 자기 마음의 크기만큼 세상이 보인다는 말입니다.

둘째, 자성불과 우주불은 손등과 손바닥 같은 관계입니다. 내가 우주불, 즉 바깥에 모셔진 부처님, 만들어진 부처님에게 간절히 기도하면 그것은 곧 자성불을 기쁘게 합니다. 반면 자성불, 자기 안

의 부처님을 드러내기 위해서 열심히 수행하는 것이 곧 우주불을 찬탄하고 공경하는 일이 됩니다. 그래서 우주 가득히 계시는 부처님과 내 안의 부처님은 손등과 손바닥처럼 뗄 수도 없고 늘 한덩어리입니다.

自性佛과 宇宙佛은 하나이다

> **二佛遭遇(이불조우)**
>
> 　世上宇宙佛(세상우주불)
> 　我中自性佛(아중자성불)
> 　二佛同圓明(이불동원명)
> 　無門場喜遇(무문장희우)
>
> 　세상엔 우주불
> 　나에겐 자성불
> 　두 부처 함께 두렷이 밝더니
> 　무문관 마당에서 기쁘게 만나네.
>
> ※ 對佛者佛(대불자불) : 부처로 대하는 자가 부처이다.
> ※ 見佛心明(견불심명) : 부처님을 친견하면 마음이 밝아진다.

그래서 '자성불과 우주불은 하나'라고 한 것입니다. '세상엔 우주불, 나에겐 자성불, 두 부처 함께 두렷이 밝더니, 무문관 마당에서 기쁘게 만나네' 이 한시처럼 그렇게 우주불과 자성불은 늘 함께, 한 덩어리입니다.

중국 북송 소동파라는 시인이 있었습니다. 북송 제1의 시인이면서 당송 8대 문장가일 만큼 중국을 대표하는 문장가로 추앙받는 인물이죠. 1037년에 태어난 소동파의 이름은 소식, 호는 동파로서 '동파 거사'라고도 불려집니다. 소동파는 불인요원이라는 큰스님과 교류가 많았는데 하루는 마주보고 좌선하다가 공연히 망상이 들어서 소동파가 스님에게 물었습니다.

"스님 제가 좌선하는 모습이 어떻습니까?"

큰스님이 대답하였습니다.

"그대가 참선하는 모습이 마치 부처님 같구나."

그리고는 곧바로 큰스님이 소동파에게 물었습니다.

"소동파, 그대가 보기에 내가 참선하는 모습은 어떠한가?"

그런데 소동파의 대답이 엉뚱했습니다.

"한 무더기의 소똥 덩어리 같습니다."

보통 사람이라면 화를 내었겠지만 큰스님께서는 미소를 지으며 합장만 할 뿐이었습니다. 소동파는 대답을 하지 못하는 큰스님을 보고 의기양양해 하며 집으로 돌아가 여동생에게 낮에 있었던 일을 자랑삼아 이야기하였습니다. 평소 공부가 깊었던 여동생이

그 이야기를 듣고 소동파에게 말하길,

"오늘 오라버니는 큰 실수를 하였습니다. 큰스님께 아주 크게 패하셨습니다."

놀란 소동파가 물었습니다.

"그게 무슨 소리냐?"

"큰스님의 마음이 청정하기가 부처님 같으므로 대상의 사람도 부처님으로 보인 것입니다. 오라버니가 부처님으로 보인 것은 큰스님이 부처님과 같은 마음으로 바라보기 때문이지요."

이 말을 뒤집어보면 오라비인 소동파의 마음이 소똥 덩어리처럼 더러움으로 가득차 있다는 말이 되는 것이죠.

이 이야기처럼 대불자불(對佛者佛), 부처로 대하는 자가 진정 부처입니다. 내 안의 부처님, 자성불의 청정함, 자성불의 거룩함을 염려할 일이지 상대의 옳고 그름, 상대의 됨됨이가 중요한 게 아닙니다.

견불심명(見佛心明), 부처님을 친견하면 마음이 밝아집니다. 어쨌거나 절에 자주자주 와서 부처님을 친견해야 합니다. 대구큰절 마당에 계시는 대원력관세음보살, 대웅진 1층 문수보살과 보현보살님, 2층의 아미타부처님, 3층의 약사여래부처님, 4층 백의관세음보살님, 옥불보전의 준제관세음보살, 하늘법당의 부처님, 황금미륵부처님, 대원성취부처님 등 내 밖의 부처님, 즉 우주불을 자주

자주 친견하면 내 마음의 자성불이 밝아지고 그 부처님을 닮아가는 것은 아주 당연한 일입니다.

또한 우주불, 세상불을 자주 친견하는 것은 우주불과 내 안의 부처님, 자성불의 교감이기도 합니다.

> **우주불(세상불)과 자성불의 교감 ※ 선관쌍수(禪觀雙修)**
>
> 觀觀音者是箇甚麽(관관음자시개심마)
> 간절히 관세음보살을 보라, 이것이 무엇인고.
>
> 禪觀雙修總俱諸定(선관쌍수총구제정)
> 선관쌍수는 모든 (삼매)를 다 갖추고 있다.

그러면 어떻게 해야 우주불 또는 세상불과 자성불이 더 많이 교감할 수 있을까요? 역시 수행입니다. 그리고 수행을 체계적으로 잘 할 수 있도록 이끌어주는 수행방법이 바로 '선관쌍수(禪觀雙修)' 입니다.

화두는 우리가 못 알아듣는 거창한 말이 아닙니다. '간절히 관세음보살을 보라, 이것이 무엇인고?' 이 말 또한 화두입니다. 지금까지 화두가 없었다면 이 말을 화두로 삼고, 참선하시기 바랍니다.

觀觀音者是箇甚麽(관관음자시개심마) , 간절히 관세음보살을 보라고 했습니다. 그냥 볼 것이 아니라 간절히, 관세음보살님을 또렷하게 보고, 관세음보살님을 떠올려야 합니다. 자기 전에 하는 관세음보살 기도를 입으로만 '관세음보살, 관세음보살' 하지 말고, 생각으로 관세음보살의 모습을 또렷하게 떠올리며 입으로 '관세음보살'을 불러야 기도를 잘 하는 것입니다. 관세음보살을 관할 때는 특히 관세음보살님의 자비로운 미소를 놓치지 않아야 합니다. 그리하여 관세음보살의 미소를 생각하면서 잠들면 그 자체가 극락세계가 되죠. 이렇게 관세음보살을 똑똑히 관하면서, 관하는 주인공까지 챙기는 이것이 바로 선관쌍수의 핵심입니다.

선관쌍수 수행법은 선관쌍수총구제정(禪觀雙修總俱諸定)이라고 해서 모든 삼매를 다 갖추고 있는 수행법입니다. 선관쌍수는 그냥 관세음보살을 부르는 염불선(念佛禪)이 아니라 관세음보살을 똑바로 관하는 관선(觀禪)입니다. 나아가 화두이면서 모든 삼매가 다 포함되어 있습니다. '觀觀音者是箇甚麼(관관음자시개심마) 간절히 관세음보살을 보라, 이것이 무엇인고?' 이 하나만으로 기도와 화두가 모두 되는 것입니다.

우리는 그러한 수행으로 우주불과 자성불이 계속 교감하도록 해야 합니다. 절에 와서 부처님을 친견함으로 교감하고 기도와 화두를 통해서 더욱더 교감해야 합니다.

그래서 늘 일체의 부처님들, 즉 내 밖의 계시는 우주불과 내 안에 계시는 자성불을 잘 시봉하는 불자가 되어야 합니다. 그렇게 함으로 우리는 차츰차츰 부처님을 닮아가고 성불에 이르게 될 것입니다.

마지막으로 백팔대참회문 다섯 번째 특강의 본문을 다시 보고 마치겠습니다.

"지심귀명례(至心歸命禮) 시방진허공계(十方盡虛空界) 일체제불(一切諸佛), 온 세상 다함없는 우주의 일체 부처님들께 지심귀명례 합니다."

오늘 초하루 기도에 오신 공덕으로 하시는 모든 일들이 잘 되시고 가정은 편안하시며 가족들 모두 건강하시기를 진심으로 기도 축원 드립니다.

관세음보살.

"지심귀명례(至心歸命禮) 시방진허공계(十方盡虛空界) 일체존법(一切尊法), 온 세상(十方) 다함없는 우주(虛空界)의 일체 높은 진리에 지심귀명례합니다."

존법, 높은 진리는 불교공부를 하고, 그 공부한 대로 수행을 하면, 내 자신 속에 숨겨진 진리라는 속성이 드러나게 됩니다. 그러면 진리적 체험을 하게 되고, 이 진리적 체험을 하는 내가 곧 진리라는 것을 알게 됩니다. 그때는 이 몸 이대로 본래 청정하고 본래 광명하며 본래 평화스러움이 됩니다. 즉 진리를 통해서 무진한 행복을 얻게 되는 것입니다.

본문 중에서

백팔대참회문 특강(6)
2017.9.20. 음력8월 초하루

　우리가 매일 사시불공에 백팔대참회문을 하는 것은 그만큼 기도와 수행에 큰 도움이 되기 때문입니다. 그래서 매월 초하루마다 백팔대참회문의 뜻을 살펴보고 있는데 벌써 여섯 번째 시간으로 뜻을 모르고 하던 때와는 분명 다를 것입니다.
　뜻을 새기면서 염불하고 절을 하면 훨씬 더 신심이 일어나고 바라는 바 성취가 빠릅니다. 그동안 아무도 이 백팔대참회문의 참뜻을 알려주지 않아서 모르고 했지만 지금부터라도 초하루 법문 시간을 놓치지 말고 꼭 챙겨 들어서 부디 알고 행하는 불자가 되시기를 바랍니다.
　어느 노보살님은 체력이 달려서 앉아서 백팔대참회문을 하시는데, 체력이 달리고 연세가 많으신 분들은 앉아서 하더라도 정성껏 한다면 절하면서 하는 것과 같습니다. 비록 앉아서 백팔대참회문을 읽더라도 매일 정성껏 한다면 그 또한 좋은 기도 공덕이 되겠습니다.

> 至心歸命禮(지심귀명례) 十方盡虛空界(시방진허공계) 一切尊法(일체존법)
> 온 세상(十方) 다함없는 우주(虛空界)의 일체 높은 진리에 지심귀명례합니다.

본문에서 가장 중요한 키워드는 일체존법(一切尊法)의 '법(法)'입니다. 여기서 존(尊)은 '높다' '존귀하다'라는 뜻을 가지고 있습니다. 그래서 일체존법이란 '일체의 존귀한 법' 또는 '일체의 거룩한 법'이라는 뜻입니다.

시방진허공계(十方盡虛空界)에서 시방(十方)은 동서남북(東西南北)과 사유상하(四維上下), 즉 서북(북서), 서남(남서), 동북(북동), 동남(남동), 상, 하 이렇게 열 가지 방향을 가리킵니다. 그래서 이 열 가지 방향, 시방은 '온 세상'을 의미합니다. 시방(十方)은 온 세상, 진(盡)은 다함없는, 허공계(虛空界)는 우주, 그래서 시방진허공은 '온 세상 다함없는 우주'라는 뜻이 됩니다.

문장 전체를 연결하여 뜻을 보면, '온 세상 다함없는 우주의 일체 높은 진리에 지심귀명례합니다'입니다. 지심귀명례는 '지극한 마음으로 목숨 바쳐 돌아가 예 올린다' 라는 뜻이니까 좀 더 자세하게 풀이하면, '온 세상 다함없는 우주의 일체 높은 진리에 지극한 마음으로 목숨 바쳐 돌아가 예 올립니다' 가 되겠습니다. 예불할 때 반복적으로 되풀이 되는 이 지심귀명례를 별로 중요하게 생각하지 않는 불자들이 있는데 사실 아주 중요한 말입니다. 우리가 절에 와서 예경할 때는 절대적으로 지심귀명례 해야 합니다. 내가 잘났다는 일체 상을 버리고 이마를 완전히 땅에 붙이며 지극한 마음으로 예경하는 것이 완전한 지심귀명례이고 바른 삼귀의인 것입니다.

한편, '일체 높은 진리에 지극한 마음으로…' 에서 진리는 '진리의 말씀' 을 포함하는 진리입니다. 그런데 왜 우리는 여기에서처럼 진리를 높다고 하는 것일까요?

왜 우리는 진리를 높다고 하는가?

진리는 淸淨(청정)과

진리는 光明(광명)과

진리는 平和(평화)를 원천(源泉)으로 하기 때문이다.

그러므로

진리를 배우는 것은 행복하다.

진리를 체험하는 것은 행복하다 → 내 것화 한다.

진리를 실천하는 것은 행복하다 → 사회화 한다.

왜 진리를 높다 하는가, 위에서 보는 것처럼 진리는 청정(清淨)하고 광명(光明)하고 평화(平和)롭기 때문에 진리를 높은 것이라고 합니다.

우리는 진리처럼 지저분하지 않고 청정해야 하고, 우리는 진리처럼 어둡지 않고 밝아야 하며, 우리는 진리처럼 불안하지 않고 평화로워야 합니다. 이는 가능한 얘기입니다. 왜냐하면 우리는 바로 진리를 믿고 진리를 공부하고 진리적 수행을 하기 때문입니다. 그러므로 진리를 배우는 것, 진리를 체험하는 것, 진리를 실천하는 것은 행복합니다. 진리를 체험한다는 것은 진리를 '내 것화' 하는 것을 말합니다. 그리고 진리를 실천한다는 것은 진리를 '가정화 또는 사회화' 하는 것을 말합니다.

우리가 진리를 배우고 체험하고 실천한다는 것은 아주 중요합니다. 불교는 진리의 종교입니다. 진리를 배우고 진리를 체험하고 진리를 실천하기 때문에 수준이 굉장히 높습니다. 신을 믿기만 하면 되는 종교와는 다릅니다. 비교가 안 됩니다. 신을 믿는 종교는 고작 청원하고 희구합니다. 청원은 어떤 일이 이루어지기를 비는 것이고, 희구는 좋은 세상에 가는 것을 바라는 것을 의미합니다. 교리의 체계도, 교리의 깊이도 아주 얕아 불교와 비교조차 할 수 없습니다.

중소벤처기업부 장관 후보자였다가 자진사퇴한 박성진이라는 사람이 청문회에서 한 발언이 큰 이슈가 되었었습니다. 한 나라의 장관 후보자 자격으로 공공연한 자리에 나와서 '우리 기독교는 지구의 나이를 6000년으로 보는데 저 자신도 그렇게 믿습니다' 라고 한 것입니다. 그 발언에 대해 재차 질문을 받자 '지구의 나이가 과학적인 나이와 신앙적인 나이가 다르다고 생각합니다. (지구의 나이가 6000살이라는 창조과학회 주장에)동의하지 않습니다. 그러나 신앙적으로는 그렇게 믿고 있습니다' 라고 했는데 이 말이 과연 교수라는 사람의 입에서 나온 말인가 의구심이 들 정도입니다. 하물며 요즘 초등학교 아이에게 지구의 나이를 물어도 45억 년이라고 대답하는데 교수라는 사람이 자신의 종교관으로 그런 어처구니 없는 대답을 하다니요. 기독교인의 인구가 증가하는 반면 불교 인구가 감소하고 있는 가운데 과학적으로 밝혀진 사실조차 따라가지 못하는 종교가 득세하는 것은 큰 문제입니다.

　하지만 불교는 진리의 종교로서 그런 오류를 범하지 않습니다. 한국불교대학에 입학해서 처음 배우는 「새로운 불교공부」 상편에 보면, '불교는 우주의 생성과 인간의 출현에 대해 다른 종교에서처럼 중요하게 언급하지 않는다. 불교의 경전 가운데 『장아함』에 우주의 기원에 대한 간단한 언급이 있을 뿐, 놀랍게도 부처님은 우주의 기원이나 본질에 대해 언어에 의한 해설을 좀처럼 베풀려 하시지 않으셨다. 이를 무기(無記)라 한다. 깨닫는 공부와 무관한 추상적 희론을 탐닉하는 것을 경계하시며 현실 속에서 부지런히 진리를 배워 실천하라는 가르침으로 볼 수 있다' 라고 되어 있습니다. 이처럼 불교는 진리를 가르치고 진리를 실천하도록 하는 종교입니다.

불교에서도 청원하고 희구하지만 거기에서 한걸음 더 나아가 체주(體住)합니다. 체주(體住)란 진리를 체험하고, 진리적 삶을 살아간다는 말입니다. 진리를 배움으로 내가 진리가 되고, 내가 진리적 체험을 통해서 진리를 실천함으로 진리는 사회화되어 나와 남이 모두 활기찬 삶을 살 수 있게 되는 것입니다. 그런 당위성이 바로 체주에 있습니다.

그래서 진리를 공부하는 불자들이 제대로만 한다면 수준이 아주 높습니다. 그런데 현재 불교인 중에는 공부를 잘못하거나 또는 거꾸로 해서인지 '참으로 고통스럽고 허무하고 허무한 이 세상, 열심히 살 이유가 없다' '다 쓸데없는 짓이다' '이 세상이 다 무너질 것인데 애써서 살 이유가 무엇인가?' 라며 소위 허무주의에 빠져 있는 경우가 있습니다.

그런 이들의 말처럼 요즘 세상이 돌아가는 이치가 그러해 보이기는 하죠. 절대 권력을 가졌던 대통령이 국민들에 의해 대통령직에서 내려오더니 곧이어 교도소를 가고, 잘못을 해도 절대로 벌을 받지 않을 것 같던 재계 1위 기업의 부회장이나 고관대작에 있었던 사람들이 잡혀가는 것을 보고 돈도 소용없고, 벼슬도 소용없고, 좋은 직장도 소용없다고 생각해 버릴 수도 있습니다. 허무한 세상, 알 뜰살뜰 열심히 살 이유가 없다는 것이죠. 개중에는 스님들도 있어서 법문도 그렇게 합니다. 그런 법문을 듣고 나면, 지레 힘이 빠지고 삶의 의욕을 잃게 되는 경우가 대부분입니다.

그러면 왜 삶에 대한 의지마저 꺾는 견해가 나타날까요? 그것은 바로 법에 대한 이해의 부족에서 비롯됩니다. 존법, 즉 높은 법 또는 높은 진리에 대한 이해의 부족이 그런 결과를 낳는 것입니다.

법(法)에는 유위법(有爲法)과 무위법(無爲法)이 있습니다. 쉽게 얘기하면 유위법은 가짜의 법, 무위법은 진짜의 법입니다. 가짜의 법인 유위법을 말하다 보면 점점 허무해지다가 급기야는 우울증에 빠질 정도로 잘못되어 갑니다. 『금강경』에서는 '일체유위법(一切有爲法) 여몽환포영(如夢幻泡影) 여로역여전(如露亦如電) 응작여시관(應作如是觀)이라, 즉 일체의 함이 있는 법은 꿈과 같고, 허깨비와 같고, 물거품과 같고, 그림자와 같고, 이슬과 같고, 번개와 같으니 응당 이와 같이 보아라' 라고 하였습니다. 일체유위법, 즉 모든 유위법으로 보면 이 세상은 꿈이요 허깨비요 물거품이며 또한 그림자, 이슬, 번개와 같으니 이 세상을 열심히 살 이유가 없게 되는 것입니다. 그런 눈으로 보면 나나 재벌이나 대통령이나 죽는 것은 매한가지, 최선을 다해 살 이유가 없게 됩니다. 그래서 가족도 소용없고, 가족 간의 사랑도 소용없고, 친구도 소용없고, 친구

간의 우정도 소용없고, 심지어는 불교공부도 소용없고, 부처님도 다 소용없다고 말하는 사람들이 있는 것입니다. 이렇게 법에 대한 이해가 부족해서 하는 말들이 크게 불교를 그르치게 됩니다.

우리가 무상(無相)을 말할 때 진짜 법인 무위법을 전제하지 않고 가짜 법인 유위법의 잣대로만 보면 허무에 빠지게 됩니다. 무상이라는 것이 아무 데나 갖다 붙여도 되는 말이 아닙니다. 진짜 법, 거룩한 정법을 제외하고 유위법만 말하다 보면 본래의 의미는 훼손되고 맙니다. 반면 참된 법, 무위법에서 보면 돈의 많고 적음, 벼슬의 높고 낮음, 직장의 좋고 나쁨 등은 그다지 문제가 되지 않습니다. 그래서 우리는 인식의 문제를 다시 생각하지 않을 수가 없습니다.

무엇이 진짜 법이고, 무엇이 가짜 법인가?

> **法(법)의 종류 : 無一 정리-유위법(有爲法)과 무위법(無爲法)**
>
> 1. 유위심(有爲心) → 유위법(有爲法)
>
> - 유위법의 6속성 : 몽(夢), 환(幻), 포(泡), 영(影), 로(露), 전(電) - 금강경 6如
> - 삼독심(三毒心)
>
>   탐(貪) : 탐욕과 인과 부정의 마음
>
>   진(瞋) : 분노와 스트레스

> 치(痴) : 무지(無智)와 어두운 마음
> ※ 유위심은 삼독심이라는 유위심에서 비롯되며, 반드시 유루(有漏)한다.

먼저 유위법은 삼독심이라는 유위심에서 비롯되며 반드시 유루(有漏)합니다. 유루의 루(漏)는 '새다, 새버리다'라는 뜻으로 허망하다는 말입니다. 유위법은 유루하기 때문에 허망합니다. 반면 무위법은 삼진심(三眞心)이라는 무위심에서 비롯되며 반드시 무루(無漏)합니다. 새버리지 않고 진정으로 가치 있으며 영원합니다.

유위심은 자기 탐욕에 빠져있는 마음, 마지못해 억지로 하는 마음, 가식, 억지, 조작, 집착심, 음역, 시기질투하는 마음, 중상모략하는 마음, 음해하는 마음 등이 모두 유위심입니다. 이러한 유위심에서 비롯되는 삼독심은 탐(貪), 진(瞋), 치(痴) 즉 세 가지 독의 마음입니다. 탐(貪)은 탐욕과 인과부정의 마음으로서 헛된 욕망 탐욕을 의미하고, 진(瞋)은 분노와 스트레스의 마음, 치(痴)는 무지(無智)와 지혜 없음, 어두운 마음을 의미합니다. 이러한 마음의 독이 심해지면 육체의 독으로 변해서 몹쓸 병도 얻게 되는 것입니다.

삼독심이라는 유위심에서 비롯되며, 반드시 유루하는 유루법의 속성이 『금강경』제32분의 끝부분, '일체유위법(一切有爲法) 여몽환포영(如夢幻泡影) 여로역여전(如露亦如電)' 이 문장 안에 잘 드러나 있습니다. 일체의 유위법은 몽(夢) 꿈같고, 환(幻) 허깨비 같고, 포(泡) 물거품 같고, 영(影) 그림자 같고, 로(露) 아침이슬 같고, 전(電) 순간 지나가는 번개와 같다, 그래서 몽환포영로전(夢幻泡影露電) 이 여섯 가지를 '유위법의 6속성' 이라 하였습니다. 불교 공부를 잘못해서 이러한 부분만 기억하고 '아이고 맞다, 인생은 참으로 허무하고 허망하다' 이렇게 생각할 수 있는데 그러한 마음이 문제입니다. 우리가 아무리 얼굴을 예쁘게 화장하여도 거울에 때가 가득하다면 내 얼굴도 때가 가득 묻은 얼굴로 보일 뿐, 예쁘게 보일 수가 없는 것처럼 유위법 또한 마찬가지입니다. 유위심에서 비롯되다 보니 유위법은 허망하고 허무하기만 할 뿐입니다. 그래서 생멸의 법인 유위법과 생멸의 문인 유위심은 참으로 허망합니다. 그리하여 유위심은 윤회의 원동력이 됩니다.

부처님 당시 많은 이교도들이 있었는데 부처님 교단이 갈수록 커지자 이들은 불안함을 느낄 수밖에 없었습니다. 그중에는 바라문교도 있었는데 바라문은 고대의 베다 사상과 인도 고유의 철학사상, 신관(神觀), 제례(祭禮) 등이 포괄된 종교입니다. 특히 카스트 제도가 확립됨에 따라 카스트 제도의 최고 계급인 브라만을 중심으로 성립된 종교였기 때문에 신분 고하를 가리지 않고 법을 설하고 출가를 허락하신 부처님이 눈엣가시일 수밖에 없었습니다. 그리하여 이들은 부처님을 음해하기 위해 전차마나(찬다마나), 줄여서 찐짜(친쟈)라는 아름다운 여인을 불자인냥 기원정사로 보냅니다.

그들은 부처님의 설법을 듣고 기원정사를 나서는 사람들이 모두 볼 수 있도록 늦은 저녁에 찐짜를 기원정사에 들어가게 하고, 나올 때는 꼭 새벽녘에 나오도록 하였습니다. 그러기를 한참, 많은 사람들이 그 사실을 알게 되었을 즈음 찐짜의 배가 불러오기 시작하였습니다. 배가 불러오는 찐짜를 보고 사람들이 수군거리자 바라문교도들은 그들의 방법이 먹혀드는 것에 좋아했습니다.

그러던 어느 날 부처님께서 기원정사에서 많은 사람들을 앞에 두고 96종의 외도들과 큰 토론을 벌이고 계실 때 만삭의 찐짜가 갑자기 나타나 부처님께 말했습니다.

"부처님께서는 이렇게 많은 사람들을 돌보시면서, 정작 어떻게 자기 자식은 돌보지 않으십니까?"

그 말을 들은 사람들은 몹시 놀라면서도 한편으로는 찐짜가 늦은 저녁에 기원정사에 들어가 새벽에 나오는 모습을 많이 보았기에 부처님을 의심하기 시작했습니다. 불자들 사이에 몰래 숨어있던 외교도들은 이때다 싶어 부처님을 비난하며 소란을 피우기 시작했습니다. 그때 부처님께서는 이렇게 말씀하십니다.

"여인이여, 네가 하는 말의 진실성은 너만이 알 것이다."

그런데 부처님의 말씀을 들은 찐짜는 부끄러워하기는커녕 오히려 부처님에게 표독스럽게 말합니다.

"맞습니다. 우리 사이에 있었던 진실은 우리만 알 뿐이죠."

찐짜의 이 말에도 부처님을 믿는 불자들이 일어나 그녀에게 따지고 들면서 기원정사는 더더욱 소란스러워 졌습니다. 그런데 그때 불자들과 실랑이를 벌이던 찐짜의 뱃속에서 뭔가 툭하고 떨어졌습니다. 임신한 것처럼 꾸미고자 배에 둘렀던 발우가 떨어진 것이었죠. 어떤 경전에는 신장이 쥐로 변해 발우를 묶고 있던 끈을 갉아먹었고, 그리하여 거짓을 들킨 찐짜가 두려워 도망치는데 갑자기 땅이 갈라져 무간지옥에 떨어지고 말았다고 전하기도 합니다.

아무튼 발우가 땅에 떨어지고 거짓 임신임이 드러나자 또 한바탕 소란이 일었습니다. 신장이 쥐로 변해 나타났다거나 땅이 갈라져 무간지옥에 떨어졌다는 부분은 설화적인 얘기지만 실제로 거짓을 들킨 찐짜의 정신적인 충격은 컸을 것입니다. 사람들에게 추앙받는 부처님을 음해했으니 그곳에서 살 수도 없었겠죠. 더군다나 그녀에게 그런 나쁜 일을 시킨 바라문교도들이 그녀를 보호해줬을 리도 없었을 것입니다. 그래서 쫓겨나 거리를 떠돌며 구걸을 하며 살다가 정신병이 든 것을 무간지옥에 떨어졌다고 하지 않았나 합니다. 어쨌든 찐짜는 어떤 식으로든 그 과보를 받았을 것입니다.

이 일화에서도 알 수 있듯 탐진치라고 하는 유위심에서 나온 유위법은 참으로 허망합니다. 탐진치에 대한 과보가 냉정할 정도로 처참하죠. 현생에 받는 과보가 이러할진대 내세에는 얼마나 더 크게 과보를 받겠습니까?

잘난 사람은 늘 시기질투의 대상이 됩니다. 얼마 전 도반 스님이 대구의 어느 스님한테 들었다면서 전해준 얘기에 따르면, 우학 스님이 강남 수십억짜리 아파트에 5명의 자녀를 두고 있으면서 자녀들이 방학만 하면 함께 유럽으로 미국으로 여행을 다닌다는 것이었습니다. 도반 스님이 대구 스님에게 직접 보았냐고 묻자 직접 보지는 못했다고 했답니다. 그래서 도반 스님이 "우학 스님은 2013년부터 3년을 완전히 문을 걸어 잠그고 무문관에 있었지 않습니까. 지금도 무문관에서 정진 중인데 어떻게 서울에 자식을 두고 왔다갔다 한단 말입니까!" 하고 호통을 쳐도 이상한 소리를 지껄이더랍니다. 한국불교대학이 하루가 다르게 성장하고 사람들이 모여드니 다른 종교인도 아닌 절에서 또는 스님들이 한국불교대학에 대해 나쁜 말을 퍼뜨리고, 회주인 저에 대한 이상한 소문을 내는 게 어제오늘 일이 아닙니다.

천 년, 이천 년의 역사를 자랑하는 절들이 천 년 동안에도 하지 않았던 일들을 우리가 3천만 원 전세에서 시작해 25년, 아주 짧은 역사에 해낸 만큼 앞으로도 그러한 시기질투가 사라지지는 않을 것입니다. 참좋은 어린이집, 참좋은 유치원, 이서중고등학교, 복지법인 산하의 여러 기관과 참좋은 요양병원, NGO B.U.D 그리고 더 나아가 이제는 감포의 무일선원과 세계명상센터까지 단위사찰 하나가 이뤄냈다고 믿기 어려울 정도이니 시기질투의 대상이 될 만한지도 모르겠습니다.

그렇다고 해서 유위심에서 나온 유위법으로 우리를 음해하는 말에 흔들릴 필요가 없습니다. 강변에 있는 돌덩어리를 두고 시기질투 하는 사람은 없습니다. 도드라지게 눈에 띄거나 잘났기 때문에 시기의 질투의 대상이 되는 것이죠. 어떤 시기질투의 바람이 불든 우리는 지금까지 우리가 했던 대로 공부하고 기도하고 수행하면서 공덕을 쌓을 때, 문제의 유위심으로 남을 비방하고 음해하는 사람들은 찐짜처럼 본인들의 과보만 더욱더 무겁게 할 뿐입니다.

2. 무위심(無爲心) → 무위법(無爲法)
- 무위법의 6속성 : 현(現), 실(實), 체(體), 본(本), 상(常), 영(永) - 無一 이론
- 無一 삼진심(三眞心)
  청정심(淸淨心) : 순수하고 무집착한 마음
  평화심(平和心) : 자비롭고 긍정적인 마음
  광명심(光明心) : 지혜롭고 희망적인 마음
- ※ 무위법은 삼진심이라는 무위심에서 비롯되며, 반드시 무루(無漏)한다.

그런데 유위심, 문제 있는 마음이 있다면 반대로 문제없는 마음도 있겠지요?

무위법은 삼진심이라는 문제 없는 마음, 무위심에서 비롯되며 반드시 무루(無漏)합니다. 여기에서 '삼진심, 세 가지 참마음'이라는 말은 경전에 나오는 말이 아닌 제가 만든 말입니다. 삼독심과 삼진심을 대비하여 보면 탐심의 반대말은 청정심(淸淨心), 진심의 반대말은 평화심(平和心), 치심의 반대말은 광명심(光明心)입니다. 청정심은 순수하고 무집착한 마음을, 평화심은 자비롭고 긍정적인 마음을, 그리고 광명심은 지혜롭고 희망적인 마음을 의미합니다. 반야광명이라는 말이 있듯이 광명은 곧 지혜이며 반야입니다. 그래서 지혜롭고 희망적인 마음을 광명심이라 이름 붙인 것입니다.

이렇게 청정심, 평화심, 광명심의 삼진심이라는 무위심에서 비롯된 법이 무위법입니다. 그래서 무위심은 순리적이고 자기만 생각하지 않는, 때 묻지 않은 마음을 말합니다. 무위법을 '함이 없는 법'이라고 풀이하는데 무위법 또한 여섯 가지 속성을 가지고 있습니다.

첫째 현(現), 현재입니다. 유위법의 몽(夢), 꿈에 대비되는 말이죠. 우리의 마음이 삼진심, 즉 청정심과 평화심과 광명심이라는 무위심으로 가득 차 있다면 모든 것이 다 현재입니다. 둘째 실(實), 실제입니다. 유위법의 환(幻), 허깨비에 반대되는 말입니다. 셋째 체

(體), 바탕입니다. 유위법의 포(泡), 물거품에 대비해 볼 수 있습니다. 무위법의 6속성 넷째는 본(本), 근본으로 유위법에서는 영(影), 그림자입니다. 다섯째 상(常)은 항상을 의미합니다. 유위법에서는 로(露), 금방 사라지고 마는 아침이슬입니다. 마지막 여섯째는 영(永), 영원하다고 할 때의 그 영원입니다. 유위법에서는 전(電), 순간 번쩍이고 사라지는 번개입니다.

다시 정리하면 유위법의 6속성은 몽환포영로전(夢幻泡影露電), 무위심에서 비롯된 무위법의 6속성은 현실체본상영(現實體本常永)입니다. 무위법의 6속성 또한 삼진심처럼 제가 정리하여 세운 이론이므로 '無一이론'입니다.

무위심, 무위법이 어려운 게 아닙니다. 우리들이 지금처럼 불교공부를 하고, 열심히 수행과 기도를 하다보면 우리 마음이 저절로 무위심이 되고, 그 무위심으로 바라보는 모든 세상은 다 무위법입니다. 우리가 무위심, 즉 진리의 눈으로 세상을 보면 보이는 모든 것이 다 현재이고, 다 실제이며, 다 바탕이고 또한 근본이면서 항상하고 영원합니다.

이렇게 무위심은 무위법을 낳는데 이 무위심이야말로 적멸의 문이며, 해탈의 문입니다. 그래서 무위법을 진짜의 법이라고 하는 것입니다.

지금까지 우리가 유위법과 무위법에 대해 살펴보았는데 부처님께서는 진짜 법인 무위법만 말씀하셔도 될 텐데 『금강경』의 '여몽환포영 여로역여전' 처럼 왜 유위법에 대해 말씀하셨을까요? 그것은 바로 몽환포영로전과 같은 유위법에서 벗어나 무위법으로 들어가라는 가르침을 위해서 입니다. 무위심이 얼마나 좋은 것인지 강조하다 보니 유위법을 설명하신 것이지, 우리가 실제로 도착할 종착역은 바로 참진리의 법, 무위법이라는 말입니다.

이러한 진짜의 법, 무위법을 좀 더 구체적으로 살펴보면 크게 이법(理法)과 교법(敎法)으로 나누어 볼 수 있습니다.

> **이법(理法)과 교법(敎法)**
> - 이법 : 현상의 본질, 진리, 원리, 이치
> - 교법 : 말이나 글의 가르침, 이법을 깨우치도록 설함이 교법이다.

먼저 이법(理法)은 현상의 본질, 진리, 원리, 이치 등을 말하고, 교법(敎法)은 말이나 글로써 전달하는 가르침으로서 이법을 깨우치게 하기 위해 설하는 것이 교법입니다.

이법은 현상의 본질입니다. 누가 가르치지 않아도 그대로 돌아가는 진리입니다. 예를 들어 현상의 본질인 이법으로서 물은 H_2O이며, 높은 데서 낮은 데로 흘러갑니다. 이것은 변함없는 사실, 즉 현상의 본질이며 진리이자 원리 또는 이치입니다. 작물을 수확하려면 물도 주고 거름도 줘야 하는 것은 진리, 요즘 하는 말로 팩트(Fact)입니다. 봄에는 꽃이 피고 가을에는 열매를 맺는 것이 진리입니다. 이것은 누가 가르쳐주든 안 가르쳐주든 원래 그렇게 되는 것입니다. 원리나 이치도 마찬가지입니다. 많이 먹으면 배가 부르고 며칠 안 먹으면 배가 고픈 것은 당연한 이치입니다. 사랑을 하게 되면 얼굴이 밝아지고 미소를 띠게 되지만, 화를 내거나 싸우고 미워하면 얼굴이 일그러지고 상하는 것도 다 원리요 이치입니다.

반면, 교법은 '진리가 이러하므로 이렇게 살라' 하고 가르치는 것입니다. 부처님께서 내린 많은 가르침들이 모두 여기에 해당됩니다. 삼귀의 중에 '귀의법 이욕존, 거룩한 가르침에 귀의합니다'라고 할 때의 가르침이 교법이라는 말입니다. 그리고 이 교법을 잘 알게 되면 이법을 깨우치게 되고 이법, 즉 진리대로 사는 힘이 생겨나는 것입니다.

① 이법과 교법은 무위심에서 비롯된 무위법이다.
② 법귀의(法歸依) 법등명(法燈明)
③ 법당(法堂), 법왕(法王), 법력(法力), 그 스님 법이 있다 등.

그래서 이법과 교법은 무위심에서 비롯된 무위법이며, 무위법을 한마디로 말하면 '완전한 진리' 입니다. 이 무위심을 선(禪)에서는 무심(無心)이라 말합니다. 무위심이 곧 무심인 것이죠. 그러니까 때 없이 맑고 깨끗한 그 마음자리에서 보이는 것이 다 진리인데, 그것을 문자로 억지로 표현하여 무위법이라 하는 것입니다.

②번의 '법귀의(法歸依) 법등명(法燈明)' 이라는 말은 부처님께서 제자들에게 마지막으로 남기신 가르침입니다. 법귀의의 법은 오늘 우리가 공부하고 있는 '일체존법' 의 존법, 즉 존귀한 또는 높은 법으로서 이 법에 귀의하고 등불로 삼으라는 부처님의 말씀입니다.

③번의 법당, 법왕, 법력처럼 평소 쓰는 불교용어 중에 법(法)자가 들어가는 말이 많죠. 지금 우리가 앉아있는 법당(法堂), 즉 부처님 전에 올 때는 반드시 법을 들을 준비가 되어 있어야 합니다. 그래서 법당(法堂)이라고 합니다. 부처님은 진리의 왕입니다. 그래서 부처님을 법왕(法王)이라고도 합니다. 법을 잘 알고 법에 대해서 힘이 있는 이를 만나면 법력(法力)이 있다고 말합니다. 스님이 그러한 법력을 가지고 있으면 "아, 그 스님 법이 있어!"라고 하죠. 이 말은 스님이 법에 대해 잘 알고 법에 대한 힘이 있다는 뜻입니다. 또한 법을 기르치는 스승을 법사(法師)라고 합니다.

"아이고, 불교는 너무 어렵고 공부할 것도 많아서 머리가 터질 지경입니다."

이렇게 말하는 분들도 있는데 어려우면 일단은 그냥 외우십시오. 아이가 영어를 공부하다가 힘드니까 '나는 미국에 안 태어나길 정말 잘했어' 하고 푸념하지만 원래 미국에 태어났다면 영어가 어렵지 않았겠죠. 불교공부도 그렇습니다. 스님들이라고 삼학이니 사성제, 팔정도, 육바라밀을 태어나면서 다 알았던 것은 아니지 않습니까. 자꾸 공부하고 오래 공부하다 보니 일상용어처럼 들리는 것입니다. 그와 같이 한국불교대학에 5년, 10년, 20년 다니다보면 어렵게만 느껴지는 이법, 교법이 다 상식적인 말로 변해버립니다. 초하룻날 와서 법문 듣고, 공부시간에 결석하지 않고 공부하다 보면 그런 교리나 진리적인 언어들이 어느새 상식적인 말들로 변해갑니다. 부처님께서 목숨 걸고 깨달은 진리를 우리가 하루아침에 이해하고 깨닫겠다는 것은 욕심이죠. 한꺼번에 꿀꺽 삼키려고 하면 체하니까 그런 욕심은 내려놓고 꾸준히 다니겠다, 죽을 때까지 공부하겠다는 원을 세우십시오. 한국 사람이 영어를 하다가 안 하면 금방 잊어버리게 되는 것처럼 한국불교대학에 다니다가 안 다니면 그나마 조금 배운 교리도 다 잊어버리겠죠. 당장 이해가 좀 안 가고 안 외워져도 꾸준히 반복하기만 하면 언젠가는 이해되고 기억하게 됩니다. 쉽게 말해 가방끈만 길면 됩니다. 가방끈만 길어도 죽을 때까지 안 잊어버려요. 입으로는 다 말을 못해도 귀로 들은 것은 있어서 '아, 그 말이구나!' 하고 아는 것처럼 그것만 해도 큰 공부하는 것입니다.

> **이법(理法)과 교법(敎法)의 핵심**
>
> 1. 이법
>   ① 연기법(緣起法) : 인연, 인과, 12연기, 법계연기
>   ② 삼법인(三法印) : 제행무상(諸行無常), 제행무아(諸法無我), 열반적정(涅槃寂靜)
> 2. 교법
>   ① 3학(三學) - 원이삼점
>   ② 4성제(四聖諦) - 문수전
>   ③ 8정도(八正道) - 우리절 마크, 8정도탑
>   ④ 6바라밀(六波羅蜜)

위를 보면 바로 알 수 있듯이 연기법, 인연법, 인과법, 12연기, 법계연기 등이 이법에 속합니다. 이것은 그 자체로 진리이죠.

부처님께서 말씀하신 연기 중에 기본연기라는 것이 있습니다.

"차유고피유(此有故彼有) 차기고피기(此起故彼起) 이것이 있음으로 저것이 있고, 이것이 일어남으로 저것이 일어난다. 차무고피무(此無故彼無) 차멸고피멸(此滅故彼滅) 이것이 없음으로 저것이 없고, 이것이 멸함으로 저것이 멸한다."

바로 이것이 기본연기입니다. 그리고 필연적 운명이라고 하는 것은 다 인연이며, 입력된 만큼 출력되는 것이 인과입니다. 예를 들면 선의 원인을 심으면 선의 과보를 받고, 악의 원인을 심으면 악의 과보를 받는다고 하는 선인선과(善因善果) 악인악과(惡因惡果)의 인과법은 진리, 당연한 이치 그 자체이죠. 살아가는 것을 보면 딱 그렇게 되어있어요. 12연기는 무명(無明)·행(行)·식(識)·명색(名色)·육처(六處)·촉(觸)·수(受)·애(愛)·취(取)·유(有)·생(生)·노사(老死)를 말합니다. 법계연기는 인드라망적 연기라고 해서 중중무진연기, 즉 연기가 중첩되고 중첩되어 있다는 말입니다. 법성게에 나오는 '일미진중함시방(一微塵中含十方), 한 티끌 속에 온 우주가 다 들어있다'라고 하는 이것이 다 법계연기입니다. 제행무상(諸行無常), 제행무아(諸法無我), 열반적정(涅槃寂靜)이라고 하는 삼법인까지, 이법을 대표하는 이러한 말들은 그냥 말일뿐 말하기 이전에, 그러한 이름들을 붙이기 전에, 이미 다 그렇게 되어있는 이치입니다.

그리고 이러한 이법을 깨우치도록 부처님께서 자상하게 가르쳐 주시는 말씀이 교법입니다. 거기에는 삼학, 사성제, 팔정도, 육바라밀 등이 있습니다. 불자가 닦아야 할 기본적인 공부방법인 삼학(三學)은 계학(戒學)·정학(定學)·혜학(慧學)의 세 가지입니다. 현재 대한불교조계종의 마크인 원이삼점에는 여러 가지 많은 뜻이

있지만 그중에서도 이 삼학을 의미하는 바가 가장 큽니다. 그리고 불교의 가장 근본적인 교리인 사정제는 고(苦)·집(集)·멸(滅)·도(道) 이렇게 네 가지이죠. 감포도량의 문수전은 네 개의 큰 기둥이 힘을 받고 있는데 바로 네 기둥이 사성제를 의미합니다. 그래서 지혜를 대표하는 문수보살의 명호에서 이름을 따 문수전이라고 한 것입니다.

그다음 불자가 실천 수행해야 하는 여덟 가지 바른 길 또는 그 방법인 팔정도 또한 교법에 해당됩니다. 팔정도의 마크는 우리절의 마크에서도 볼 수 있죠. 정견(正見)·정사유(正思惟)·정어(正語)·정업(正業)·정명(正命)·정념(正念)·정정진(正精進)·정정(正定) 이렇게 여덟 가지 팔정도는 우리절의 이념이기도 합니다. 감포도량에는 팔정도탑도 있는데 이것은 감포도량의 보은전과 지금 짓고 있는 이불병좌 선방 용화전과 연화전으로 들어가는 길에 있는 물레방아를 말합니다. 언제 감포도량을 가게 되면 사성제를 의미하는 문수전의 기둥과 팔정도탑을 꼭 찾아보시길 바랍니다. 그리고 대승불교 보살의 여섯 가지 수행덕목인 육바라밀 또한 교법에 해당됩니다. 보시(布施)·지계(持戒)·인욕(忍辱)·정진(精進)·선정(禪定)·반야(般若) 이렇게 해서 육바라밀이죠.

부처님의 교법이 아주 많고 복잡한 것 같아도 지금 말씀드린 네 가지가 기본 골격입니다. 삼학, 사성제, 팔정도, 육바라밀 안에 들어오지 않는 것은 없기 때문에 그렇습니다.

여기서 잠깐 높은 법, 존법의 말씀을 담고 있는 경전들의 핵심을 한번 살펴보겠습니다. 경전들의 핵심은 사구게에 잘 드러나 있으므로 사구게를 보겠습니다.

각 경전의 4구게

- **금강경**

  범소유상(凡所有相)…, 약이색견아(若以色見我)…, 일체유위법(一切有爲法)

- **화엄경**

  약인욕요지(若人慾了知) 삼세일체불(三世一切佛)
  응관법계성(應觀法界性) 일체유심조(一切唯心造)

- **법화경**

  제법종본래(諸法從本來) 상자적멸상(常自寂滅相)
  불자행도이(佛子行道已) 내세득작불(來世得作佛)

- **열반경**

  제행무상(諸行無常) 시생멸법(是生滅法)

생멸멸이(生滅滅已) 적멸위락(寂滅爲樂)
- **아함경**

    제법종연생((諸法從緣生) 제법종연멸(諸法從緣滅)
    아불대사문(我佛大沙門) 상작여시설(常作如是說)

『금강경』사구게는 일반적으로 제5분, 제26분, 제32분의 말씀을 말합니다. 제5분 '범소유상(凡所有相) 개시허망(皆是虛妄) 약견제상비상(若見諸相非相) 즉견여래(卽見如來)', 제26분 '약이색견아(若以色見我) 이음성구아(以音聲求我) 시인행사도(是人行邪道) 불능견여래(不能見如來)', 제32분 '일체유위법(一切有爲法) 여몽환포영(如夢幻泡影) 여로역여전(如露亦如電) 응작여시관(應作如是觀)' 입니다.『금강경』의 사구게 정도는 외우고 있어야 엘리트 불자라 할 수 있겠죠.

『화엄경』의 사구게는 야마궁중게찬품에 나오는 말씀으로 '약인욕요지(若人慾了知) 삼세일체불(三世一切佛) 응관법계성(應觀法界性) 일체유심조(一切唯心造)' 입니다. '일체유심조, 일체는 오직 마음이 짓는다' 라는 이 말을 우리 참좋은 이서중고등학교 체육관 겸 독서실에 붙여 놓았습니다. 거기에는 아이들이 이해하기 쉽도록 '일체유심조, 마음먹은 대로 된다' 라고 써놓았습니다. 일체유심조 자주 쓰는 말인만큼『화엄경』사구게도 외우시길 바랍니다.

209

『법화경』 사구게는 제2 방편품에 나오는 말씀으로 '제법종본래(諸法從本來) 상자적멸상(常自寂滅相) 불자행도이(佛子行道已) 내세득작불(來世得作佛)' 입니다. 그 뜻은 '모든 법은 본래부터 항상 스스로 적멸의 모습이니, 불자가 도를 행하여 마치면 오는 세상에 반드시 부처님을 이루리라' 입니다.

『열반경』의 사구게는 '제행무상(諸行無常) 시생멸법(是生滅法) 생멸멸이(生滅滅已) 적멸위락(寂滅爲樂)' 입니다. 부처님의 전생담 중에서 죽음도 두려워하지 않고 구도심을 보인 설산 동자의 이야기가 있는데 거기에도 이 사구게가 등장합니다.

그다음 『아함경』의 사구게는 '제법종연생(諸法從緣生) 제법종연멸(諸法從緣滅) 아불대사문(我佛大沙門) 상작여시설(常作如是說)' 입니다. 이 사구게의 뜻은 '모든 법은 인연 따라 생겼다가 모든 법은 인연 따라 없어진다. 나의 부처님 대사문이시여, 항상 이와 같이 말씀하셨네' 입니다.

이 사구게 외에 덧붙여 설명을 드리면 불교에서 보편타당한 진리를 가리키는 '칠불통계(七佛通戒)' 라는 말이 있습니다. 그 내용은 '제악막작(諸惡莫作) 중선봉행(衆善奉行) 자정기의(自淨其意) 시제불교(是諸佛敎), 모든 악은 짓지 말고, 모든 선은 힘써 행하며, 내 마음을 맑게 하라. 이것이 곧 부처의 가르침이니라' 인데 이 칠불통계 속에 불교가 다 들어있다고 해도 과언이 아닐 정도로 아주 중요한 말입니다.

아무튼 경전의 짤막한 사구게 구절 속에 이렇듯 엄청난 삶의 메시지가 들어있습니다.

그러면 이렇게 우리 잘되라고 말씀하신 그 수많은 교법의 가치는 어디에 있을까요? 쉽게 말해서 '불교공부를 해야 하는 이유가 어디에 있는가', 거기에 대한 설명이 바로 다음의 내용입니다.

왜 불교공부를 해야 하는가?

無一 교법(敎法)의 가치(불교공부의 이유)

① 정견(正見)의 확립
② 깨닫게 한다(참나, 지혜, 삶의 힘).
③ 지극한 평온을 준다
④ 영원한 삶을 살게 한다
⑤ 완전한 행복을 느끼게 한다.
⑥ 인드라망적 공동체 실현을 꿈꾸게 한다.
⑦ 현재적 한계 밖을 보게 한다.
   (실참 – 참선과 기도 등 수행으로 안내)

불교공부를 해야 하는 첫 번째 이유는 정견(正見)의 확립에 있습니다.

부처님의 말씀을 교법이라고 했습니다. 삼귀의 중에 '거룩한 가르침에 귀의합니다'의 거룩한 가르침 또한 교법이고, 오늘 백팔대참회문의 말씀인 '지심귀명례 시방진허공계 일체존법'의 존법도 교법입니다. 그래서 일체존법을 찬탄할 만한 충분한 이유가 있는데, 그 이유가 바로 이 불교공부의 이유이며, 가치입니다.

우리는 오직 부처님의 말씀, 불교공부를 통해서 정견이 생겨납니다. 정견, 즉 바른 견해 또는 바른 인생관, 바른 우주관, 바른 생활관, 바른 생명관 등은 오로지 배움을 통해서만 얻을 수 있습니다.

불교공부를 해야 하는 두 번째 이유는 깨닫게 하기 때문입니다. 깨달음 자체가 참나이기에 깨달으면 참나를 찾게 됩니다. 또한 깨달음은 그 자체가 지혜로서 깨닫게 되면 지혜가 생기고 삶의 힘이 생깁니다. 이렇게 깨달음이 중요하기 때문에 우리는 깨달아야 하는 것입니다. 그래서 발보리심(發菩提心), 깨달음을 구하려는 마음을 일으켜야 합니다.

녹야원의 최초 5비구는 부처님의 말씀을 직접 들음으로써 깨닫습니다. 최초 5비구는 부처님께서 깨달음을 성취하신 후 처음 법을 설하신 대상이죠. 그런데 부처님께 직접적으로 들을 수 없어도 부처님의 가르침대로 수행하면 깨달을 수 있습니다. 바로 그렇게 깨달음에 이르도록 하는 것이 교법이며, 이것이 교법의 두 번째 가치입니다.

세 번째는 지극한 평온을 준다고 하였습니다. 교법을 알게 되면, 즉 부처님 말씀을 알게 되면 불안하지 않고, 짜증나지 않고, 두려움이 사라지고 지극한 평온하게 된다는 말입니다.

어느 날 한 거사가 찾아와서 다짜고짜 제게 절을 한 적이 있었습니다. 왜 절을 하는지 물어보았더니 거사가 대답했습니다.

"우학 스님이 너무 고마워서 이렇게 찾아왔습니다. 제 마누라가 성질이 아주 사나워서 너무 힘들었는데, 한국불교대학을 다니면서 부터는 순한 양이 되었습니다. 병원에 다니면서 약도 먹어봤지만 소용없었습니다. 그런데 불교공부를 하고부터는 방글방글 웃으니 자연히 집안도 편해지고…. 요즘 아주 살맛이 난다니까요."

그 소리를 듣고 제가 삼배를 받아도 되겠다는 생각이 들었습니다. 이렇게 부처님 말씀, 교법은 지극한 평온을 줍니다.

네 번째는 영원한 삶을 줍니다. 우리가 부처님을 모르고 부처님 법을 모르고 살 때는 그냥 하루살이처럼 살았습니다. 그런데 부처님을 알고 부처님 말씀을 듣다보니 무엇이 영원한 삶인지 알아갑니다. 그래서 가랑비에 옷 젖듯이 차츰차츰 영원을 향해 가게 되죠. 좀 더 느긋해지고 차분해지고 시기, 질투, 모함에도 초연해집니다. 나중에는 죽음에도 초연해지는데 바로 영원한 삶을 살기 때문에 그렇습니다.

다섯 번째는 완전한 행복을 느끼게 합니다. 세상에 던져지는 소재는 대부분 조건적인 행복입니다. 돈이 생기면 행복하고, 승진을 하면 행복하고, 집을 사면 행복해지는 것처럼 조건이 붙습니다. 하지만 불교에서 말하는 행복, 부처님의 말씀은 그것과는 거리가 멉니다. 진리를 하나하나 깨우쳐가는 과정 자체가 행복입니다. "아, 세상에 이런 말씀도 있구나!" 이 얼마나 행복한 도리입니까? 얼마나 행복한 소식입니까? 한국불교대학을 시작하고 지금까지 불교대학을 다니면서 참 행복해졌다, 감사하다는 인사를 받는 것이 모두 이 때문입니다.

교법의 가치, 여섯 번째는 인드라망적 공동체 실현을 꿈꾸게 합니다. 인드라망, 즉 중중무진(重重無盡)입니다. 오로지 자기밖에 모르다가 불교공부를 하다 보니 '그 사람도 불교공부를 하면 얼마나 좋을까?' 하는 마음이 생겨납니다. 또 '나도 할 수 있는 일이라면 불사에 동참하고 싶다' 라는 마음도 갖게 되죠. '세계일화(世界一花), 세계는 하나의 꽃' 이라는 말이 있습니다. 이 말처럼 불교공부를 하면 보이는 모든 일들이 내 일처럼 생각이 된다는 말입니다.

얼마 전에 감포도량에서 약의왕여래불 점안식을 수요일과 일요일 두 번을 했습니다. 그런데 9월 17일 일요일 두 번째 하는 날, 하필 제18호 태풍 '탈림' 이 닥쳤습니다. 방생법회를 하기 위해 해변힐링마을 앞 감포 바닷가에 있는데 집채만 한 파도가 치고, 비바람은 또 얼마나 센지 우산 들기도 버거울 정도였습니다. 그래서 결국 설치해 두었던 괘불을 연화봉사단, 총동문신도회, 정법호출택시 거사님들이 함께 해체를 하는데, 그 모습을 보는 것만으로도 신심이 났어요. 난파선을 일으켜 세우듯이 전체가 그 일을 하는데, '우리 한국불교대학은 절대 무너지는 일이 없겠구나' 는 생각이 절로 들었던 것입니다. 또 비바람에 옷이 젖고 온몸이 젖어도 아랑곳하지 않고 끄떡없이 행사를 치루는 모습에 '이들은 공동체의식이 분명한 사람들이다' 라는 생각도 했습니다. 내가 곧 한국불교대학이고 내가 곧 우리 전체라는 의식이 분명하며 그것을 즐감하고 있는 분들이니 그 비바람에도 그와 같이 할 수 있었을 것입니다.

주공해구(主共偕俱), 주인정신과 공동체 의식이 동시에 또렷하게 살아있는 우리 신도님들을 보면서 '한국불교대학 大관음사는 한 500년 이상은 유지되겠다' 는 생각을 종종 합니다. 그래서 태풍 탈림이 있던 날도 태풍 때문에 행사를 망쳤다기보다 오히려 '마침 태풍 참 잘 왔다' 하고 생각했습니다. 그 덕분에 다시 한번 인드라망적인 공동체 실현을 눈으로 확인하는 날이였으니까 말이죠.

교법의 가치 마지막 일곱 번째는 현재적 한계 밖을 보게 하는데 있습니다. 현재 우리가 보고 듣는 것에는 한계가 많고, 오류 또한 많습니다. 그런데 우리가 불교공부를 하다 보면 달라집니다. 참선과 기도를 꾸준히 하다 보면 오묘한 정신세계에 들어가게 되고, 그러면 보이지 않던 것이 보이게 되고, 현재의 한계를 넘어설 수 있게 됩니다. 그것을 우리는 깨달음 또는 부처님의 가피라고도 말합니다.

지금까지 왜 불교공부를 해야 하는지, 교법의 가치에 대해 살펴보았습니다. 이렇듯 교법을 배우고 공부하다 보면 결국 이법, 즉 현상의 본질 또는 진리를 깨닫게 됩니다. 한마디로 교법을 배우고, 이법을 깨닫는다고 할 수 있습니다. 이것이 불교라고 해도 틀림이 없습니다.

> 교법을 배우고 이법을 깨닫는다.
> 學敎法(학교법) 覺理法(각이법)

저는 이것을 '學敎法(학교법) 覺理法(각이법)'이라 말합니다. 그래서 우리는 부지런히 교법, 교리, 즉 부처님 말씀을 배우고 참선과 기도라는 실참을 통해 이법을 깨달아야 합니다. 선교겸수(禪敎兼修)라는 말이 있는데 여기에서 선은 참선기도 등의 수행을 말하고, 교는 부처님의 말씀을 말하는 것으로써 선교겸수란 선과 교를 겸해서 닦아야 한다는 뜻입니다. 이렇게 선교겸수를 해야 완전한 불교를 체득할 수 있습니다. 지금까지 참선만 하면 된다거나 공부만 하면 된다는 생각이 있었다면 오늘부터는 선교겸수, 함께 중요하므로 함께 닦겠다는 생각을 가지시길 바랍니다.

이렇게 교법을 배움으로 이법을 깨닫는 데는 우리의 마음가짐이나 자세부터 바로 해야 합니다. 다음의 진리를 배우고 진리를 깨닫는 자세를 한번 살펴보겠습니다.

> **진리를 배우고 진리를 깨닫는 자세**
>
> ① 위법망구(爲法忘軀) - 진리(법)를 깨닫기 위해서는 몸을 잊어야 한다. 몰아적(沒我的) 수행이 필요. 먼저 발보리심(發菩提心)하고, 다음은 인행(因行)이 있어야 한다.
> ② 단비구법(斷臂求法) - 2조 혜가
> ③ 정법유통(正法流通)의 원력(願力)

위법망구(爲法忘軀), 진리(법)를 깨닫기 위해서는 몸을 잊어야 하고 거기에는 몰아적(沒我的) 수행이 필요하다고 하였습니다. 몰아적 수행이란 나를 완전히 잊어버리는 수행을 말합니다. 우리절에서는 매월 첫째 주 토요일에 철야용맹정진을 하죠. 기도를 할 때는 나를 잊고, 내 몸을 잊고 그렇게 용맹정진해야 합니다. 다부지게 기도를 해야 한다는 말입니다.

먼저 발보리심하고, 다음은 인행(因行)이 있어야 한다는 말은 발보리심, 깨닫겠다는 마음을 일으키고 인행, 원인이 되는 행을 해야 한다는 뜻입니다. 어떤 결과를 얻는 데는 반드시 원인되는 행이 있어야 합니다. 원인 없는 결과는 없어요. 그리고 여기서 인(因)은 정진입니다.

부처님의 전생담 중에 구도를 위해 제 몸도 아낌없이 보시한 설산 동자의 이야기를 해드리겠습니다.

히말라야 설산에서 어린 동자가 수행을 하고 있었습니다. 제석천이 가만히 보니 어린 동자가 수행을 잘하는 것 같기에 수행을 시험해 보기 위해 나찰의 몸으로 변해서 설산으로 내려왔습니다. 그리고는 명상에 잠긴 어린 동자가 들으라는 듯이 말했습니다.

"제행무상(諸行無常) 시생멸법(是生滅法)이라. 모든 것은 항상함이 없으니 이것이 생멸의 법이라."

명상에 잠겼던 동자는 이 말을 듣고서 환희심으로 가득 찼습니다. 너무나 큰 기쁨에 그 다음 구절을 듣기 위해 동자는 주위를 살펴보았습니다. 그러자 사람을 잡아먹고 사는 나찰이 웅크리고 있는 게 아니겠습니까. 동자는 얼른 그 나찰에게 다가가 말했습니다.

"혹시 당신이 그 말을 했습니까? 그렇다면 불 속에서 연꽃이 피는 것과 같은 그 말씀의 다음 구절을 말해주십시오."

그러자 나찰이 말했습니다.

"나는 지금 너무 배가 고파 말할 힘이 없다!"

동자가 말했습니다.

"당신은 무엇을 양식으로 합니까? 제가 양식을 구해오겠습니다."

그러자 나찰이 말하길,

"나는 오직 사람의 육신과 사람의 피를 양식으로 한다."

나찰의 말을 듣고 망설임 없이 동자가 말했습니다.

"다음 구절을 말해주면 저를 당신께 드리겠습니다. 무상한 나의 몸을 버려서, 영원한 진리의 몸을 얻을 수만 있다면 목숨도 아깝지 않습니다."

이렇게 동자가 애원하자 나찰은 그제야 그 다음 구절을 말해줍니다.

"생멸멸이(生滅滅已) 적멸위락(寂滅爲樂), 생멸에 대해 집착하는 마음이 다해 없어지면 적멸이 곧 즐거움이 되리라."

동자는 너무나 환희로워하면서 약속대로 나찰에게 몸을 보시하기 위해 나무 위로 올라가 나찰에게 몸을 던졌습니다. 그러자 나찰은 원래의 제석천으로 돌아와 연꽃좌대로 동자의 몸을 받쳐 주었습니다.

이 이야기가 바로 위법망구, 진리를 깨닫기 위해 자신의 몸도 잊어버린 대표적인 얘기입니다. 이러한 위법망구의 정신은 앞의 이야기처럼 거창하게만 가지는 것이 아닙니다. 사실 우리 삶 여기저기서 위법망구의 정신이 필요합니다.

예를 들면 초하루라서 절에 가야하는데 아침에 일어났더니 몸이 찌뿌둥하면 절에 갈까 말까 고민을 합니다. 공부하러 절에 가는 날인데 다른 일이 생기면 공부하러 갈까 말까 또 고민을 합니다. 바로 이런 때에 다 위법망구의 정신이 필요하죠. 몸살이 났더라도 초하루인데 부처님께 와야죠. 다른 일이 생겼더라도 공부를 하고 볼 일을 봐야 하는 것입니다. 만약 초하루 기도에 동참하지 않았다면 오늘의 중요한 법문도 모두 놓치게 되겠죠. 불교공부를 세속의 공부하듯이 하면 하고 말면 말고 식으로 하지 말고, 다부지게 해보십시오. 말 그대로 불 속에 연꽃이 피는 도리가 있을 것입니다.

두 번째는 단비구법(斷臂求法) 팔을 잘라서 법을 구했다는 이 말은 선종의 2조 혜가 스님의 이야기입니다.

혜가 스님의 은사이신 달마대사가 9년간 동굴에서 면벽하고 있을 때였습니다. 눈이 많이 내리는 어느 날 신광이라고 하는 스님이 명성을 듣고 달마대사를 찾아갑니다. 그러나 면벽을 한 채 참선을 하고 있던 달마대사는 찾아온 신광을 아는 체도 하지 않았습니다. 하는 수 없이 신광은 새벽까지 끄떡도 않고 앉아있었어요. 이윽고 눈이 가슴까지 쌓이자 신광이 인기척을 냈습니다. 그러자 달마대사가 돌아보면서 말했습니다.

"하룻밤 눈밭에 앉아있었다고 해서 그게 별 대수인가!"

그 말에 신광이 자기의 팔을 자르자, 그 겨울에 파초가 자라났습니다. 파초를 본 신광은 파초에 자신의 자른 팔을 싸서 달마대사에게 공양 올리듯이 올립니다. 그제야 달마대사가 만족하면서 말합니다.

"법을 구할 만한 그릇이 되는군. 지금부터 너의 이름을 혜가라 하라."

그렇게 하여 혜가 스님은 달마대사의 제자가 되어 선종의 제2조가 됩니다.

단비구법의 설화를 통해 보듯이 마찬가지로 법을 구할 때는 마음을 단단히 먹고 임해야 한다는 것을 느낄 수가 있습니다.

그 다음 정법유통(正法流通)의 원력(願力)이라고 했습니다. 정법이 두루두루 퍼지기를 발원하면서 공부를 해야지 공부가 잘됩니다. 나 혼자 행복한 게 정말 행복한 것이겠습니까.

"내가 하는 경전공부와 마음공부가 내 가족과 이웃과 온 인류와 모든 생명체의 행복이 되고, 평화의 메시지가 되었으면 좋겠다."

이러한 마음이 바로 정법유통의 원력입니다. '이 좋은 법을 온 세상 사람들이 다 공유했으면 좋겠다' 는 내 공부의 목적이 있을 때, 세계일화라는 마음이 살아있을 때, 공부가 더 잘 됩니다.

'지심귀명례(至心歸命禮) 시방진허공계(十方盡虛空界) 일체존법(一切尊法), 온 세상(十方) 다함없는 우주(虛空界)의 일체 높은 진리에 지심귀명례합니다' 의 결론입니다.

존법, 높은 진리는 불교공부를 하고, 그 공부한 대로 수행을 하면, 내 자신 속에 숨겨진 진리라는 속성이 드러나게 됩니다. 그러면 진리적 체험을 하게 되고, 이 진리적 체험을 하는 내가 곧 진리라는 것을 알게 됩니다. 그때는 이 몸 이대로 본래 청정하고 본래 광명하며 본래 평화스러움이 됩니다. 앞에서 얘기한 것처럼 진리를 통해서 나는 무진한 행복을 얻게 되는 것이지요.

그래서 공부하기 전에는 몽환포영로전(夢幻泡影露電)이었던 세상이 마침내 보이는 모든 것이 다 현실체본상영(現實體本常永), 즉 현재적이고 실제하고 바탕이며 근본이요 항상 하며 영원하게 됩니다. 이러한 것이 체득되어 세상사는 것이 너무나 즐겁고, 환희롭고, 살맛나게 됩니다.

無一 自性三寶論(자성삼보론)은 체득된 자리에서 일어나는 심경을 한시로 지은 것입니다.

無一 自性三寶論(자성삼보론)

淸淨卽心是佛寶(청정즉심시불보)

光明卽心是法寶(광명즉심시법보)

平和卽心是僧寶(평화즉심시승보)

我本來恭敬三寶(아본래공경삼보)

> 佛法僧卽是一體(불법승즉시일체)
>
> 청정한 즉 마음이 불보요
>
> 밝은 즉 마음이 법보요
>
> 평화스러운 즉 마음이 승보이니
>
> 나 본래 공경스러운 삼보일세.
>
> 불법승이 곧 한 몸!

이와 같은 진리, 도(道)는 번뇌의 먹구름이 걷히면 보여지는 것이지 억지로 보려고 해서 볼 수 있는 것이 아닙니다. 즉, 수행을 통한 체험이 요구되는데 하루 이틀의 수행으로 진리, 깨달음에 이르지는 않습니다.

그래서 우리는 깨달음을 이룰 때까지 우리 마음을 잘 다스리면서 공부하고 수행해야 합니다. 다음의 無一 正法(정법) 제자 4법(四法) 다짐을 통해 불교공부에 대한 우리 마음다짐을 가지며 오늘 법문을 정리하도록 하겠습니다.

> **無一 正法(정법) 제자 4법(四法) 다짐**
>
> ① 教法(교법) 다짐
>
> ② 理法(이법) 다짐
>
> ③ 行法(행법) 다짐

④ 契法(계법) 다짐

첫째, 敎法(교법) 다짐은 '불교공부가 이렇게 좋은 것이구나, 나는 중도에 포기하지 않겠다' 하는 다짐을 하는 것을 말합니다. '죽는 날까지 불교대학에 와서 공부하겠다'는 이런 마음이 있어야 한다는 것이죠. '절대 결석하지 않고 공부하겠다' 이러한 것이 모두 교법 다짐입니다.

둘째, 理法(이법) 다짐은 '나는 참선과 기도를 늘 생활화하겠습니다' 이런 다짐입니다. 그래서 자기 전에 반드시 30분 관음정근을 하고, 관음정근을 하는 주인공도 살피는 수행을 하는 것, 그게 바로 이법 다짐입니다. 누차 말하지만 자기 전에 하는 관음정근은 아주 중요합니다. 어느 신도님이 수술을 했다고 하기에 수술 전에 기도 했는지 물었더니 수술 전에도 수술하는 동안에도 기도를 했다고 대답하였습니다. 그게 바로 이법을 체험하는 것입니다.

셋째, 行法(행법) 다짐은 법을 행함을 다짐하는 것입니다. '나도 진정한 복을 지어야겠다' '진정한 작복(作福), 정말 순수하고 깨끗한 마음으로 봉사하고 포교를 하겠다. 이러한 모든 것을 죽는 날까지 실천해야지' 이러한 다짐이 바로 행법 다짐입니다.

넷째, 契法(계법) 다짐에서 契(계)는 '계합하다'는 뜻입니다. 하나가 된다는 말이죠. '내가 곧 진리이며, 내가 곧 정법도량이며 내가 곧 우리절이다' 라는 생각으로 늘 즐감해야 합니다. '다음 생에는 대보살이 될거야. 그래서 다시 태어나면 참좋은 어린이집, 유치원, 이서중·고등학교도 다녀서 제대로 부처님 법을 공부할거야. 그리하여 이 몸 자체를 진리의 몸으로 세상에 회향해야지' 하고 다짐하는 이것이 계법 다짐입니다. 이러한 마음 다짐을 한다면 부처님의 가피는 저절로 올 수밖에 없습니다.

초하루 기도에 동참한 우리는 이미 진리를 믿고 진리를 공부하고 진리적 수행하는 정법 제자입니다. 그러니 늘 마음속에 이와 같은 다짐을 새기며 수행정진하시길 바랍니다.

관세음보살.

學日不裕(학일불유)
時但迅速(시단신속)
他日不恨(타일불한)
目下集中(목하집중)

공부할 날은 많지 않은데
시간은 빠르기만 하도다.
후일 한탄하지 말고
지금 당장 열심히 하라.

無一 우학 스님의 한시
策勵(책려)

백팔대참회문 특강(7)

2017.10.20. 음력9월 초하루

봄인가 하였는데 벌써 겨울 냄새가 납니다. 백팔대참회문도 벌써 일곱 달째 공부를 하고 있는데 시간이 이렇게 빠릅니다. 이렇듯 공부할 날도 많지 않은데 우리는 빨리 가는 시간을 허비하지 말고 지금 부지런히 공부하고 기도해야겠습니다.

백팔대참회문 특강 일곱 번째, 본문을 먼저 보겠습니다.

至心歸命禮(지심귀명례) 十方盡虛空界(시방진허공계) 一切諸佛(일체제불) 至心歸命禮(지심귀명례) 十方盡虛空界(시방진허공계) 一切尊法(일체존법) 至心歸命禮(지심귀명례) 十方盡虛空界(시방진허공계) 一切賢聖僧(일체현성승)

온 세상(十方) 다함없는 우주(虛空界)의 일체 부처님들께 지심귀명례 합니다. 온 세상(十方) 다함없는 우주(虛空界)의 일체 높은 진리에 지심귀명례 합니다. 온 세상(十方) 다함없는 우주(虛空界)의 일체, 현명하고 훌륭한 스님들께 지심귀명례 합니다.

우리가 법회를 시작할 때 부르는 찬불가 삼귀의는 '거룩한 부처님께 귀의합니다. 거룩한 가르침에 귀의합니다. 거룩한 스님들께 거룩합니다' 이죠. 여기에서 '부처님과 가르침 그리고 스님' 이 바로 불법승(佛法僧) 삼보로서 백팔대참회문 특강, 다섯 번째와 여섯 번째 시간에 먼저 '佛(불, 부처님)'과 '法(법, 가르침)'에 대해서 공부하였고, 오늘 백팔대참회문 일곱 번째 시간에는 '僧(스님)'에 대해 공부해보도록 하겠습니다.

'지심귀명례(至心歸命禮) 시방진허공계(十方盡虛空界) 일체현성승(一切賢聖僧), 온 세상(十方) 다함없는 우주(虛空界)의 일체, 현명하고 훌륭한 스님들께 지심귀명례 합니다.'

'일체 현명하고 훌륭한 스님들'이라고 해석한 '현성승(賢聖僧)'의 한자를 풀이하면 다음과 같습니다.

현성승(賢聖僧)

① 현(賢) - 현명 → 성문 - 글공부, 법문, 책

> 　　　　　연각 - 참선, 기도
> ② 성(聖) - 耳 + 口 + 王 훌륭함 → 보살(11바라밀) - 봉사
> ③ 승(僧) - 人 + 會 → 수행자, 선지식, 스님

먼저 현성승(賢聖僧)의 賢(현)은 보통 '어질다' 라는 뜻으로 사용되는데 '현명하다' 라고 할 때도 쓰는 한자입니다. 聖(성)은 '성스럽다' 라는 뜻인데 여기에서는 '훌륭하다' 로 해석하였습니다. 그래서 현성승을 '현명하고 훌륭한 스님' 대신 '어질고 성스러운 스님' 이라고 하여도 의미는 같습니다. 한편 현성승을 '현인과 성인과 스님' 이라고 해석하여도 틀린 것은 아닙니다. 그러나 현명하고 훌륭한 스님이라고 해석하는 것이 가장 완벽하다고 할 수 있습니다.

① 현(賢) - 현명 → 성문 - 글공부, 법문, 책 / 연각 - 참선, 기도
　　賢(현)은 현명이라는 뜻이며, 현명은 지혜롭고 똑똑하다는 말입니다. 우리가 지혜롭고 똑똑하려면 어떻게 해야 할까요? 보는 바와 같이 성문의 수행과 연각의 수행을 같이 하면 됩니다.
　　소리 聲(성) 들을 聞(문), 성문은 소리를 듣고 깨쳐가는 수행자를 말합니다. 즉 글공부를 하고 법문을 듣고 책을 보면서 현명해져 가는 것입니다. 사실 우리는 법문이나 책을 통하지 않으면 현명해지기가 힘듭니다.

우리나라 사람들의 독서량이 형편없다는 것은 어제오늘의 일이 아닙니다. 2015년 UN 조사결과 192개 OECD 국가 중에서 우리나라는 166위 최하위권입니다. 최상위권인 미국의 월 6.6권, 일본의 6.1권에 비하면 우리나라 사람들은 1인당 1.3권으로 독서량이 아주 적습니다. 하지만 이것은 평균치이고 일 년 동안 한 권의 책도 읽지 않는 사람의 비율이 무려 34.7%나 됩니다. 이 수치는 우리나라 어른들 중 3분의 1에 해당되는 수치로써 그만큼 우리나라 성인들이 책을 안 읽는다는 말입니다.

하지만 한국불교대학 大관음사에 다니면 얘기가 달라집니다. 한국불교대학의 신도분들은 1, 2학기 공부하는 책 2권, 3개월마다 선방후원회 가족들에게 드리는 책 3~4권, 매월 발간되는 월간 법보시, 부처님 오신 날, 정초산림기도, 백중기도 때 드리는 법공양 책만 빠짐없이 보더라도 우리나라 평균치보다 훨씬 많이 보게 됩니다. 어떤 분들은 신줏단지 모시듯이 모셔 놓고 혹시 책에 바람이 들어가면 책이 상할까봐 염려하는 것인지 한 번도 들쳐보지 않는다고 하는데 그렇게 하면 책이 상합니다. 책도 숨을 쉬어야죠.

그런 면에서 한국불교대학 大관음사는 지성 불자의 전당입니다. 다른 절에서는 사실 책읽기를 그렇게 장려하지 않는데 반해 한국불교대학은 어쨌든지 책을 많이 보라고 권합니다. 제가 세운 여러 가지 이론들 중에서 '無一 성공인생 12문' 일곱 번째 '不近册

無以聰(불근책 무이총), 책을 가까이 하지 않으면 총명할 수 없다', '無一의 치유활력 12법칙' 다섯 번째 '樂樂書歌(낙락서가), 좋은 책을 많이 읽고, 허밍으로 노래하자', '無一의 금강신 이론' 여섯 번째 '少映多讀(소영다독), TV는 적게, 독서는 많이' 등과 같이 직접적으로 책읽기의 중요함을 많은 곳에서 이야기하였어요. 책을 많이 접하는 사람을 우리가 지성인이라고 하듯 불경이나 불서를 많이 읽으면 바로 지성 불자가 되는 것입니다.

성문수행자와는 달리 참선, 기도하는 수행자들을 연각이라 말합니다. 법문을 듣고 책을 보는 것처럼 참선과 기도를 하면 역시 지혜롭고 똑똑해집니다. 참선, 기도하면 요동치던 마음이 지극히 고요해집니다. 지극히 고요해짐으로써 거기에 지혜가 드러납니다. 지극한 선정을 통해서 지극한 지혜가 드러나게 되는 것입니다. 그렇게 되면 자성법문, 즉 자기 안, 내면의 법문을 들을 수 있습니다. 현성승의 현(賢), 현명함은 성문과 연각의 수행을 동시에 해야만 완전하게 됩니다. 공부도 하고 책도 읽으면서 참선과 기도를 하여야만 지혜롭고 똑똑해집니다.

② 성(聖) - 耳 + 口 + 王 훌륭함 → 보산(11비라밀) - 봉사

귀 이(耳), 입 구(口), 임금 왕(王), 훌륭함 이것은 무슨 말인가 하면, 훌륭한 존재는 왕처럼 귀와 입을 다스릴 줄 알아야 한다는 말입니다. 그래서 귀와 입을 다스릴 줄 아는 사람은 성인입니다. 처음

엔 그저 나를 다스리기 위해 귀와 입을 다스렸는데 이것이 나중에는 귀가 왕이 되고 입이 왕이 됩니다. 성스럽다는 것은 훌륭하다는 것이라고 하였는데 불교에서는 성스러운 사람, 훌륭한 사람을 일러 보살이라고 합니다.

보살은 성문수행과 연각수행을 포함합니다. 참보살은 봉사만 해서도 안 되고, 공부만 해서도 안 됩니다. 진짜 보살은 성문처럼 부처님의 말씀도 부지런히 익히고 연각처럼 참선과 기도를 하면서 봉사를 할 때라야 참보살이 되는 것입니다. 그런 분이야말로 참으로 성스럽고 훌륭한 보살입니다.

③ 승(僧) - 人 + 曾 → 수행자, 선지식, 스님

승(僧)의 한자를 나누어 보면 '사람 인(人)'에 '일찍 증(曾)' 자입니다. 직역하면 '일찍 인간이 되었다'는 말인데 이는 우리가 흔히 하는 말로 일찍 철들었다는 말입니다.

제 상좌 중에서 일찍 출가한 스님이 금강 스님인데 열여섯 살에 출가를 했습니다. 출가한 지 삼 년 정도 되었고 지금은 해인사 강원에서 열심히 수행을 하고 있습니다. 그런데 사실 열여섯, 열일곱 살이면 그냥 애인데 얘기를 해보면 시근머리가 아주 멀쩡합니다. 철없이 행동하는 것을 보고 '시근없다'라고 하는데 시근머리가 아주 멀쩡하다는 것은 그만큼 철이 들었다는 말이죠. 어떨 때는 사십대의 어른과 얘기를 하는 것처럼 느껴질 정도로 생각이 아주

의젓하고, 방학 때 절에 오면 십 대인지 사십 대인지 정말 분간이 안 갈 정도로 행동거지가 여법합니다. 그런 사람들을 보고 '일찍 인간이 되었네' '일찍 철이 들었군' 하고 말합니다. 해볼 것 다 해보고 부귀공명이 쓸데없는 짓이라고 말하는 것은 누구나 할 수 있지만, 그러한 과정을 뛰어넘어 불교공부를 하겠다고 불교대학에 오신 분이 있다면 그런 분은 금강 스님처럼 일찍 철이 든 분입니다. 그래서 스님들은 일찍 철든 사람입니다.

> **연각의 돈·점 이론**
>
> ① 돈오돈수(頓悟頓修) : 깨닫는 즉시 더 수행할 필요 없음.
> ② 돈오점수(頓悟漸修) : 깨닫는 것은 한순간이지만, 깨닫고 난 이후에도 수행을 통해 기존의 습기를 점차 없애 나가야 한다.
> ※ 理卽頓悟 事非頓除 (리즉돈오 사비돈제) : 이치적으로는 몰록 깨달았으나 습관적으로는 몰록 없어지지 않음
> → 견성(見性) 후의 보임공부(ex. 흡연, 음주)
> ③ 점오돈수(漸悟頓修)
> ④ 점오점수(漸悟漸修)

참선과 기도를 통해 깨쳐야 하는 연각에 대해 좀 더 설명을 드

리겠습니다.

　깨침에 있어서 여러 가지 이론이 있습니다. 여기서는 돈·점이론이라 명명하였는데 이는 돈오돈수, 돈오점수를 합쳐 부른 말입니다. 깨달음에는 많은 이론이 있다고 하였지만 그것은 진리가 그러하다는 것이 아니고, 수행자의 근기가 각양각색이라서 그런 이론들이 나오게 된 것뿐입니다.

　먼저, 돈오돈수(頓悟頓修)란 깨닫는 즉시 더 수행할 필요가 없다는 이론입니다. 다음, 돈오점수(頓悟漸修)는 깨닫는 것은 한순간이지만 깨닫고 난 이후에도 수행을 통해 기존의 습기를 점차 없애 나가야 한다는 이론입니다. 이 두 이론 모두 아주 중요합니다.

　흡연을 예로 들면, 담배가 우리나라에 처음 들어왔을 때는 담배가 해로운 줄을 모르고 피웠습니다. 조선시대 임진왜란 때 우리나라에 유래된 담배는 지봉유설(芝峰類說 ; 조선시대 1614년, 광해군 6년에 이수광이 편찬한 한국 최초의 백과사전적인 저술)에 처음 등장하는데 그 당시만 해도 임금과 신하, 훈장과 서당학생들이 함께 피우기도 했으며, 심지어는 약초라고 알려졌다가 점차 유해한 것으로 인식되기 시작합니다. 그리하여 어떤 선비는 "정신을 해치고, 머리가 희게 되고, 얼굴이 늙게 되며, 이가 일찍 빠지게 되고, 살도 따라서 여위게 되니, 사람을 빨리 늙도록 만드는 것이다."라고 하거나 "담배를 구하러 다닐 시간에 공부하고 돈을 벌면 뭐라도 되겠다."라고 하였다고 합니다. 또한 '담배 끊고 돈 모았다' 라는 말이 있는데, 이 말은 담배를 피우고 싶지만 해로운 것과 상관없이 단지 돈을 모으기 위해서 담배를 끊었다, 담배를 피지 않았다는 뜻입니다.

하지만 지금은 담배가 얼마나 유해한지 모두 알고 있습니다. 담배는 안 피우는 것이 좋다, 담배를 피우면 우리 몸에 해롭다, 이렇게 깨닫는 것 자체는 '오(悟)' 입니다. 담배를 피우는 것이 해롭다는 것을 깨닫되 단번에 알아차리는 것을 돈오(頓悟)라고 하고, 담배를 피우는 것은 나에게도 가족들에게도 나쁜 것이므로 한 번에 딱 끊는 것을 돈수(頓修)라고 합니다. 담배가 해로운 것을 알고 노력할 것도 없이 바로 딱 끊는 것, 즉 돈오돈수(頓悟頓修)인 것입니다.

반면, 돈오점수(頓悟漸修)는 담배를 피우는 것이 해로운 줄은 금방 알아차렸는데(頓悟) 근기가 약해서 단번에 끊지 못하고 세 갑 피우던 것을 두 갑으로 줄이고, 두 갑을 또 한 갑으로 줄이면서 점차 줄여가다가 끊는 것(漸修)을 의미합니다. 깨닫는 것은 한순간이지만 깨닫고 난 이후에도 수행을 통해 기존의 습기를 점차 없애 나가야 한다는 말은 바로 그런 의미입니다.

그리하여 돈오점수는 '리즉돈오(理卽頓悟) 사비돈제(事非頓除), 이치적으로는 몰록 깨달았으나 습관적으로는 몰록 없어지지 않으므로 견성 후의 보임공부가 계속 되어야 한다는 이론입니다.

우리가 견성을 하였다고 해서 단박에 중생의 습기마저 잘 없어지지는 않습니다. 그래서 역대 제불조사들에게서도 보임공부의 흔적이 많이 나타나는 것입니다.

한국불교대학 다니면서 불과 몇 개월 다녀보고 다 알겠다고 말하는 사람도 있습니다. 물론 그럴 수도 있지만 다 알았다고 해서 공부나 수행을 그만두면 거의 대부분 원점으로 되돌아가고 맙니다. 그러다보니 여기 절에 기웃, 저기 절에 기웃하다가 어설픈 상만 높아지는 결과를 낳기도 하는 것입니다. 하지만 오히려 '살다 보니 그때 공부가 좀 더 미진했다' 며 재입학하는 사람도 많습니다. 공부를 그만해도 되겠다고 생각한 것은 돈오점수를 착안하지 않아서 그렇습니다. 몰록 깨달을 수는 있지만 기존의 습기를 한꺼번에 끊어내기가 힘들다는 것을 우리는 늘 염두에 두어야 합니다. 그래서 공부, 기도, 참선하기가 귀찮다는 생각이 들 때마다, 절에 공부하러 가기 귀찮다는 생각이 들 때마다 이 돈오점수를 바로 떠올리고 마음을 다잡아야합니다.

돈오돈수, 돈오점수 외에도 점오돈수(漸悟頓修), 점오점수(漸悟漸修)라는 이론도 있습니다. 담배가 해롭다는 것을 조금씩 조금씩 깨달아 가다가 확실하게 깨달음과 동시에 바로 딱 끊는 것이 점오돈수(漸悟頓修)입니다. 점오점수(漸悟漸修)는 점점 깨달아 가고 점점 수행을 해가는 것을 말합니다. 매일매일 공부하고 매일 예불하고 기도도 하고 참선수행도 하면서 깨달아 가는 것, 어찌 보면 지금 우리 한국불교대학 신도님들의 일상생활이 이 점오점수가 아닌가 합니다. 한 발자국씩 한 발자국씩, step by step, 즉 하나씩 하나씩 밟아가는 것이죠.

이러한 이론들이 중요하지만 더 중요한 것은 우리의 근기가 어디에 있든 늘 연각의 수행, 참선기도를 꼭 해야 한다는 데 있습니다. 참선과 기도에 많은 방법이 있지만 제가 제시하는 선관쌍수는 먼저, 내 머릿속에서 내 마음속에서 관세음보살님을 또렷하게 떠올려야 합니다. 그리고 '관세음보살을 보고 있는 나는 무엇인가, 무엇이 관세음보살님을 보고 있는가' 그것을 또렷하게 응시해야 합니다. 그것이 선관쌍수 수행인데 어떤 수행보다도 연각수행으로는 선관쌍수가 으뜸입니다.

無一의 훌륭한 스님이란 - 불교적 설명

※ 11바라밀을 잘 실천하는 스님이다.
※ 보시, 지계, 인욕, 정진, 선정, 반야, 방편, 원(願), 력(力), 지(智), 포교(전법)

불교적 측면에서 훌륭한 스님이란 어떤 스님을 의미할까요? 현성승, 성스러운 스님, 즉 훌륭한 스님은 바로 보살행을 하는 스님이라고 할 수 있습니다.

위의 '無一의 훌륭한 스님이란 - 불교적 설명'을 보면 보살행을 한다는 것은 11바라밀을 잘 실천하는 스님이라고 하였습니다. 보살행이라고 하면 보살의 여섯 가지 수행덕목인 육바라밀이나 화엄경에서 말하는 보살이 이루어야 할 열 가지 완전한 성취인 십바라밀이 있는데 이 십바라밀에 제가 하나를 더 첨가해서 11바라밀을 잘 실천하는 스님이 보살행을 하는 훌륭한 스님이 되겠습니다. 물론 성문, 연각수행을 기본적으로 해야 하는 것은 두 말 할 필요도 없겠죠.

11바라밀은 한국불교대학 大관음사 감포도량 보은전 위에 있는 사경명상대탑이 11층이라 11바라밀을 생각하게 되었습니다. 11층 사경명상대탑은 말 그대로 사경을 봉안하는 탑으로써 제가 보기에 한 20년 동안 넣을 수 있을 만큼 아주 큽니다. 이 사경명상대탑을 처음 설계할 당시에는 경주 황룡사 9층탑을 모형으로 9층탑을 주문하였는데, 탑을 만드는 사람이 탑의 크기를 잘못 재어서 탑이 작게 만들어졌습니다. 이미 만들어진 것을 버릴 수는 없고 해서 탑의 밑부분에 2층을 더 만들어 넣게 되어 결국 11층 대탑이 된 것입니다. 그래서 보시(布施), 지계(持戒), 인욕(忍辱), 정진(精進), 선정(禪定), 반야(般若)바라밀의 육바라밀에 방편(方便)바라밀, 원

(願)바라밀, 력(力)바라밀, 지(智)바라밀을 더해 『화엄경』의 십바라밀, 그리고 마지막으로 제가 포교(布敎)바라밀을 더하여 11바라밀이 되었습니다.

11바라밀을 간단히 살펴보면, 보시(布施)는 잘 나눠 갖는 것을 의미합니다. 절에 와서 시주하는 것도 보시입니다. 결국 내가 가진 것을 나눠 갖는 보시바라밀은 보시됨으로써 많은 사람들이 함께 누리게 되죠. 불사에 동참하였거나 동참하지 않았거나, 신도이거나 신도가 아니어도 감포도량의 힐링센터가 다 지어지면 우리 모두가 함께 공유하고 함께 누리게 되는 것, 이것이 보시의 큰 힘이죠.

지계(持戒)는 계를 잘 지킨다는 말입니다. 지계도 전생부터 공부가 된 사람이 있는 것 같아요.

며칠 전, 통도사 승가대학 4학년에 있는 상좌 현광 스님이 인도 성지순례를 가는데 경비를 주십사하고 왔기에 제가 강원에 대해 몇 가지를 물어 봤습니다.

"요즘도 강원에서 술, 담배를 하나?"

옛날에는 강원에서 스님들이 술, 담배를 많이 했거든요. 그런데 현광 스님이 대답하기를,

"다른 스님들은 모르겠고 저는 하지 않습니다."

하고 말을 아주 반듯하게 대답하는 것이었습니다. 현광 스님은 세속에서도 술과 담배를 하지 않았다고 해요. 담배를 피우거나 술

을 마시면 바로 구역질이 나서 할 수가 없었답니다. 이렇게 현광 스님과 같은 사람들은 전생부터 공부를 많이 했기 때문에 이생에 와서는 저절로 율사가 되는 게 아닌가 합니다. 아무래도 술, 담배를 안 하면 업을 지을 일도 적겠지요.

인욕(忍辱)은 잘 참는 것, 정진(精進)은 부지런히 노력하는 것입니다. 부지런히 노력하는 것도 참 중요합니다. 얼마 전에 큰절의 임원진에게서 서울에 사는 김재희라는 아가씨가 청년회 법회에 동참하기 위해 매주 대구까지 온다는 얘기를 들었습니다. 김재희 불자는 청년회에서 감사(監事)를 맡고 있다고 하는데 그 직분을 할 자격이 충분히 되고도 남습니다. 그리고 우리절 백상효합창단의 부단장은 경주에 살면서도 매주 대구큰절에 와서 공부하고 합창단 활동도 합니다. 우리절 창건 25주년 합창제를 앞두고 있는 요즘은 합창단 연습을 위해 일주일에 두세 번은 대구에 오고 있어요. 이분도 부단장을 할 만한 자격이 충분하죠.

바로 그러한 것을 정진한다고 할 수 있습니다. 시간이 되어, 다른 할 일이 없어서 절에 오는 것은 정진이 아닙니다. 말 그대로 놀러오는 거죠. 바쁜 시간을 쪼개 절에 나와서 봉사하고 공부하는 것, 밥을 먹고 잠을 자는 것처럼 반드시 해야 하는 것이 되어야 정진이라 할 수 있겠습니다.

선정(禪定)은 마음 닦는 수행, 반야(般若)는 지혜를 얻는 것, 방편(方便)은 좋은 방법을 잘 쓰는 것을 말합니다. 천수경에 '원아조득선방편' 이라는 말이 나오죠. '제가 이제 착한 방편 속히 얻게 하옵소서' 라는 뜻입니다. 원(願)은 삶의 목표입니다. 우리 한국불교대학 大관음사의 원은 불국토 건설, 천 개 도량 건립이죠. 이러한 것이 다 원입니다. 력(力)이라 하는 것은 힘입니다. 힘이 없으면 아무것도 할 수가 없습니다. 힘, 내공이 있어야 어려움이 닥쳐도 이겨낼 수가 있는 것입니다. 반야(般若)바라밀은 그냥 지혜를 말하고, 지(智)바라밀은 자비심을 동반한 지혜를 의미합니다. NGO활동을 하거나 불교적 봉사활동을 하는 것이 모두 이 지바라밀이라 볼 수 있습니다.

마지막 11번째 포교바라밀, 포교(布敎)의 한자를 직역하면 '종교를 널리 펴다' 는 뜻이 됩니다. 그래서 포교는 부처님 정법을 전하는 것, 즉 전법입니다. 우리가 염원하는 불국토 건설은 포교, 전법으로부터 시작됩니다. 포교, 전법이 안 되면 불국토 또한 건설되지 않을 것입니다.

우리는 엘리트불자로서 늘 포교와 전법을 생각해야 합니다. 포교와 전법을 하지 않으면 불교는 사라지고 맙니다. 포교바라밀이 경전에는 나와 있지 않지만 지금 우리 한국불교에서 제일 중요한 것이 아닐까 생각합니다.

저는 매년 포교상에 대해 고심하게 되는데 2018년 포교상은 무엇을 드릴까, 어떤 특별한 것을 드릴까, 한 일 년을 고민 고민해서 생각한 것이 다기세트입니다. 감포도량에 가면 보현전이라고 있는데 여기가 도자기 공방입니다. 이 도자기 공방은 아주 오래전부터 생각하여 만들었는데 여기에서 만들어 내는 다기세트를 선물로 드릴 예정입니다.

올해는 대안학교의 부지로 마련한 땅에 들깨를 심었는데 들깨 농사가 아주 잘 되었습니다. 올해 들깨는 제가 심는 것부터 잎을 따고 깨를 터는 것까지 다 했어요. 원래 농사를 짓지 않던 땅에 처음 뿌린 씨앗은 농사가 잘 된다고 합니다. 그리고 한 2, 3년 지나면 보통의 밭처럼 벌레가 생기기 시작한다고 해요. 여하튼 첫해라서 약도 치지 않은 말 그대로 무농약, 유기농 재배로 기른 들깨가 아주 잘 되었습니다. 그래서 이 들깻잎을 따서 장아찌를 담가 놓았습니다. 이 들깻잎 장아찌도 포교상으로 드리겠습니다.

이렇게 11바라밀을 잘 실천하고 있다면 훌륭한 스님, 훌륭한 불자가 되겠습니다.

無一의 훌륭한 스님이란 - 사회적 설명

※ 나와 많은 사람들에게 긍정의 힘을 주면 훌륭한 스님이다.
① 삶의 귀감   ② 희망의 촛불   ③ 행복의 언덕
④ 공덕의 향기 - 진리, 영원함, 참 가치에 눈을 뜨게 한다.

불교적 입장에서 11바라밀을 잘 실천하는 스님이 훌륭한 스님이라면 사회적 입장에서는 어떤 스님이 훌륭한 스님일까요? 간단히 말하면, 나와 많은 사람들에게 긍정의 힘을 주는 스님이 훌륭한 스님입니다. 우리 삶에 있어 긍정적 생각, 긍정적 힘은 너무너무 중요합니다.

영국의 노팅엄대학(The University of Nottingham)에서 긍정과 관련해서 한 가지 실험을 하였습니다. 65세 이상의 노인들을 상대로 긍정적인 생각을 하도록 유도한 다음에 독감예방주사를 맞은 노인들과 그냥 맞은 노인들의 신체변화는 어떻게 다른가 하는 검사였습니다. 검사결과는 긍정적 생각을 가지고 맞은 노인과 그렇지 않은 노인의 항체 형성율이 무려 14%나 차이가 났다고 합니다.

불자로 말하면 관세음보살을 생각하고, 관세음보살의 미소를 생각하면 우리 몸 전체가 긍정의 에너지가 됩니다. 이렇게 긍정적일 때는 예방주사를 맞아도 그 효과가 더 크고, 일이나 공부의 성취도 훨씬 크게 되죠.

그렇게 긍정의 힘을 갖게 하는 스님은 훌륭한 스님이며, 내가 다니고 있는 절의 스님을 생각하면 마음이 따뜻해지고 긍정적 생각이 난다면 그 스님은 훌륭한 스님입니다. 그러면 구체적으로 어떻게 긍정의 힘을 주는가 한번 보겠습니다.

첫째, 삶의 귀감이 되는 스님입니다. 열심히 기도하고 공부하는 스님을 보면 나도 모르게 신심이 나고 닮고 싶어집니다. '그 스님처럼 열심히 공부해야지, 기도해야지' 하는 마음이 일어날 때가 있죠? 우리 대중스님들이 열심히 기도하고 정성껏 천도재를 하고 열심히 공부를 가르치는 것을 보면 '다음 생애에는 스님으로 태어나 저 스님처럼 살아봐야지' 하는 마음이 일어납니다. 바로 그러한 스님이 삶의 귀감이 되는 스님이고 훌륭한 스님입니다.

둘째, 희망의 촛불이 되는 스님입니다. 살다보면 깜깜할 때가 참 많습니다. 그러할 때 스님의 법문을 듣거나 스님과 상담하고 나서 희망이라는 촛불이 보이기 시작했다면 그 스님은 희망을 주는 분으로서 훌륭한 스님입니다.

셋째, 행복의 언덕이 되어 주는 스님입니다. 살면 살수록 세상 살기가 참 만만치가 않죠. 그런데 그 스님이 계신 절에 가면 마음이 편안해지고 행복해진다면 그 스님은 행복을 주는, 행복의 언덕이 되는 스님이라고 할 수 있습니다. 마음이 편안해지고 행복해지면 긍정적 에너지가 당연 생기게 되겠죠.

넷째, 공덕의 향기가 나는 스님입니다. 우리가 가히 표현은 잘 못하지만 어떤 스님에게서 향기를 느낄 때가 있어요. 그 스님을 볼 때면 수행의 향기라고 해야 할까, 공덕의 향기가 배어 나오는 것을 느낄 때 신심이 나기도 하고 환희심이 나기도 합니다. 실제로 진리, 영원함, 완전함, 참가치에 눈을 뜨게 하는 스님이 있는데 바로 그런 스님들에게서는 공덕의 향기가 나죠.

이와 같이 내 삶의 귀감이 되고, 희망의 촛불이 되고, 행복의 언덕이 되고, 공덕의 향기가 나는 스님을 사회적 측면에서 훌륭한 스님이라 볼 수 있습니다. 반면, 현재 우리 한국불교의 스님들은 어떠한가, 살아가는 유형을 통해 한번 보겠습니다.

無一의 스님들의 살아가는 유형
① 정치지향형　② 무위도식형　③ 뒷방공사형
④ 막행막식형　⑤ 순수정진형

'無一의 스님들의 살아가는 유형'에서 전제할 것은 ①~④번의 유형들은 우리가 몰라도 되는 스님들의 유형입니다. ①~④에 해당되는 스님이 전체 스님들 가운데 약 40%, 나머지 60%의 스님들은 ⑤번, 순수정진형의 스님들이 아닌가 생각합니다.

첫째 정치지향형의 스님은 돈, 권세, 명예를 좇아다니는 스님을 말합니다. 쓸데없이 모여서 세속의 정치인들 마냥 행동하는 스님들은 결국 불나방들이 불을 좇는 것과 다를 바가 없습니다. 지위 또는 자리가 문제가 아니라 부리는 탐욕심이 문제이죠.

현재 통도사의 방장이 궐위(闕位)로 제 은사 스님인 성파 큰스님께서 직무대행을 하고 계신 상태입니다. 성파 큰스님께서는 방장 후보이기도 하신데 은사 스님께서는 방장을 안 해도 좋으니 작당하는 스님이 방장이 되어서는 안 된다고 말씀을 하십니다. 제가 그 말씀을 듣고 느꼈던 것은 그렇게 말씀하시는 은사 스님과 같은 분이 통도사의 방장이 되면 통도사가 지금보다 더 깨끗해지고 더 발전하지 않겠는가 하는 것이었습니다.

둘째 무위도식형의 스님입니다. 무위도식형은 말 그대로 옷은 한량처럼 빳빳하게 다려서 입고, 골프를 치러 다니거나 화투, 컴퓨터 게임과 같은 오락이나 도박을 합니다. 또 겨울에는 스키를 타러 가기도 하고 그러다 돈이 떨어지면 이 절, 저 절 다니면서 구걸이나 하죠. 이런 스님들이 무위도식형의 스님들입니다.

셋째 뒷방공사형의 스님입니다. 이런 스님들은 일명 트러블메이커(troublemaker)입니다. 말썽을 만들어 내죠. 맡은 바 주어진 소임을 열심히 하는 주지 스님이나 총무 스님 등 소임자들을 골탕 먹이고, 헛소문이나 만들어 음해하고 중상모략(中傷謀略)하여 쫓겨나게도 합니다. 또한 불평, 불만이 끊임없죠. 이런 스님들은 대부분 자기 자신이 모자라서, 즉 자격지심이나 열등의식 때문에 그렇게 행동하는 경우가 많습니다.

넷째 막행막식형의 스님입니다. 이 유형의 스님은 함부로 술을 마시고 담배나 피우며 은사를 비방하거나 절을 욕하기도 합니다. 또는 식당에서 아무렇지도 않게 고기를 구워 먹기도 합니다. 몰래

술 마시고 고기를 구워 먹는 것도 문제지만 남들 눈치도 보지 않고 막 행동하면 잘하고 있는 스님들까지 욕을 먹게 되니 문제가 더 큽니다. 그래서 서산 스님께서는 이런 스님들을 '지옥찌꺼기, 재(滓)'라 했어요. 滓는 '찌꺼기 재, 찌꺼기 자, 더럽힐 치' 자로 선가귀감을 보면 '지옥 재'로 나옵니다. 이런 유형은 예의도 없고 상식도 없고 천도마저 안 되는 유형입니다.

다섯째 순수정진형의 스님입니다. 우리 주위에는 정치지향형, 무위도식형, 뒷방공사형, 막행막식형의 스님들도 있지만 그래도 아직은 상 내지 않고 무위심과 신심을 바탕으로 원력을 세워서 깨어있는 삶을 사는 순수정진형의 스님들이 더 많습니다. 사람 사는 어느 곳이나 감투나 직책이 있지만 그런 것을 탐닉하지 않고 순수하게 그 소임을 다하기도 합니다. 조계종 총무원장 선거를 보면 분란도 있고 문제도 있지만, 정말 깨끗하고 정직한 스님들이 아직은 종단 여기저기에서 소임을 잘하고 있습니다. BTN 불교TV의 성우 큰스님께서도 순수하게 불교발전을 위해 노력하고 계시는 분 중의 한 분입니다. 본인께서는 자기를 비방하는 사람이 많다는 것을 알면서도 누군가는 해야 하고, 누군가 해야 할 일이면 우리가 해야 되지 않겠느냐고 말씀하실 정도로 순수하게 정진하는 마음으로 그 소임에 최선을 다하고 계십니다. 성우 큰스님뿐만 아니라 무비 큰스님과 같이 순수하게 한국불교발전을 위해 애쓰고 계신 큰스님들이 많습니다.

　아래의 시는 서산 대사께서 쓰신 선가귀감에 나오는 스님상입니다.

선가귀감(禪家龜鑑)의 스님상

出家爲僧(출가위승)이 豈細事乎(기세사호)아
非求安逸也(비구안일야)며 非求溫飽也(비구온포야)며
非求利名也(비구리명야)며 爲生死也(위생사야)며
爲斷煩惱也(위단번뇌야)며 爲續佛慧命也(위속불혜명야)며
爲出三界度衆生也(위출삼계도중생야)니라.

출가하여 스님이 되는 것이 어찌 작은 일이랴!
몸의 편안함을 구하려는 것도 아니고,
따뜻이 입고 배불리 먹으려는 것도 아니며,
이익과 명예를 얻으려는 것도 아니다.
나고 죽음을 벗어나려는 것이며,
번뇌를 끊으려는 것이며,
부처님의 지혜 생명을 이으려는 것이며,
삼계에서 뛰쳐나와 중생을 건지려는 것이니라.

　　　　　- 서산 대사(西山 大師) -

서산 대사의 법명은 휴정(休靜)이고 서산 대사는 스님의 별호입니다. 스님의 또다른 별호로는 백화도인(白華道人), 풍악산인(楓岳山人), 두류산인(頭流山人) 등 많은 별호가 있으며 또한 임진왜란 때 의병을 일으켜 제자들과 함께 구국에 힘쓴 분입니다. 일화를 하나 소개하면, 임진왜란이 일어나자 선조는 서산 대사에게 나라를 구할 방법을 물었고, 스님은 "늙고 병들어 싸움에 나아가지 못할 승려는 절을 지키게 하면서 나라를 구할 수 있도록 부처님께 기도하도록 하고, 나머지는 제가 통솔하여 전쟁터로 나아가 나라를 구하겠습니다."라고 하고 70세가 넘은 고령의 나이임에도 전쟁터로 나갔다고 하니 대단하죠.

그 옛날에 쓰신 말씀임에도 지금을 사는 우리가 곰곰이 생각해봄직 합니다.

나무람을 당하는 스님들의 부류

① 치승(痴僧) ② 아양승(啞羊僧) ③ 피가사적(被袈裟賊)
④ 독거사(禿居士) - 치문(緇門), 석난문(釋難文)

한편, 나무람을 당하는 스님들의 부류도 한번 살펴보겠습니다.

치문(緇門)은 치문경훈(緇門警訓)의 줄임말로서 치는 '먹물 緇(치)' 자, 즉 '먹물 옷을 입은 사람이 배워야 하는 교훈 또는 가르침' 이라는 뜻입니다. 옛날 강원에서 1학년 때 기본적으로 배우는 과정이었지만 지금은 배우지 않고 있어요. 이 치문의 '잡록(雜錄)'편, 석난문(釋難門)에는 나무람을 당하는 스님들을 네 가지로 분류를 해놓았습니다. 석난문은 '스님이 되기 어려운 것을 밝힌 글' 이라는 뜻으로 그 내용을 살펴보면 다음과 같습니다.

나무람을 당하는 스님들의 첫 번째는 치승(痴僧), 즉 어리석은 스님입니다. '치(痴)' 자를 가만히 보면 부수 '병질 엄(疒)'에 '알지(知)' 자가 들어가 있어요. 아는데 병들었다는 말인 것이죠. 즉 여섯 자 몸은 있으나 지혜가 없는 스님을 가리켜서 치승이라고 합니다. 공부하지 않고 기도 참선하지 않으면 치승이라는 소리를 들을 수밖에 없습니다.

두 번째는 아양승(啞羊僧)입니다. '벙어리 아(啞)' 자에 '양 양(羊)' 자, 양은 양 또는 염소를 가리키는데 아양승은 '벙어리 염소 스님' 이 됩니다. 세 치 혀가 있으나 염불도 못하고 능히 설법도 못하는 스님을 '벙어리 염소 스님' 이라 말합니다.

세 번째는 피가사적(被袈裟賊) 스님입니다. 직역하면 '가사 입은 도적' 이라는 뜻인데 승복을 걸치고 하는 일도 없이 업만 짓는 스님이라면 그 스님이 바로 가사 입은 도둑입니다. 앞에서 말했던 것처럼 화투치고 골프나 치러 다니는 스님들이 모두 여기에 속합니다. 대구, 경북지역에 골프 치는 스님이 많다고 하는데 참으로 문제입니다. 세속 사람들이야 골프를 치면서 사업을 하거나 친목을 도모하지만 스님들이 골프를 치면서 해야 할 사업이 있지는 않잖아요. 골프란 기본적으로 많은 돈과 시간이 드는 것인데 스님이 그럴 돈이 어디 있으며, 그럴 시간이 어디 있겠어요. 또한 스님과 골프를 치러 다니는 사람들이 있는데 그것은 그 스님을 망치는 일이라는 것을 알아야 합니다.

네 번째 독거사(禿居士)입니다. '독(禿)' 자는 대머리, 머리카락이 없다는 뜻으로 이를 해석하면 '머리카락이 없는 거사'가 됩니다. 사전적 풀이를 보면, '겉으로만 머리를 삭발한 스님의 모습일 뿐 계율을 어기고 부처님의 가르침을 따르지 않는 자, 또는 생계를 위해 출가하여 삭발한 자를 비웃는 말'이라고 해설되어 있습니다. 앞에서 언급했듯이 감투, 벼슬, 돈, 명예, 권세만을 좇아다니는 스님들이 독거사에 해당됩니다. 치문에 이러한 말이 있는 것을 보면 옛날부터 이런 스님들이 있어 왔음을 알 수 있죠.

그러면 나무람을 당하는 스님이 되지 않으려면 어떻게 살아야 할까, 그에 대한 답이 다음의 '無一 스님 팔계'입니다.

無一 스님 팔계

① 놈팡이로 살지 말라(의식이 깨어있어야 한다.)
② 배은망덕한 짓은 하지 말라.

③ 사자충(獅子蟲)이 되지 말라.
④ 보리심을 잊지 말라.
⑤ 너무 이기적으로 살지 말라.
⑥ 스님으로서 기본을 잊지 말라.
⑦ 마음 가운데 본사(本寺)를 떠나지 말라,
⑧ 신심을 갖고 원력을 세우라.

聞我名者免三途(문아명자면삼도)
見我形者得解脫(견아형자득해탈)
내 이름을 듣는 이는 나쁜 상황을 면하고
내 모습을 보는 이는 해탈을 얻어지이다.

- 나옹 선사(懶翁 禪師) -

 첫째, 놈팡이로 살지 말라, 즉 의식이 깨어 있어야 합니다. 놈팡이, 경상도 말로 놈팽이라고 하는데 생각 없이 놀고먹는 사람을 가리켜 하는 말이죠. 스님들이 나서서 승려노후복지에 대해 말하기 전에 스님들이 놈팡이로 살지 않고 의식이 깨어있으면 절에서 다 알아서 해주는데 자꾸 다른 것을 얘기해서는 안 될 것입니다.
 둘째, 배은망덕한 짓을 하지 말아야 합니다. 출가를 시켜 주고 공부를 시켜 준 은사를 비방하거나 욕하는 것은 배은망덕한 짓입니다. 대구 근교에 저의 도반들이 몇 있는데 도반들이 불사할 때마다 물심양면으로 도와주었습니다. 하지만 도움을 받고 뒤돌아서서는 한국불교대학과 저를 흉보면서 비방하는데 이런 것 또한 배은망덕한 짓이죠.

셋째, 사자충(獅子蟲)은 되지 말아야 합니다. 사자충은 사자 몸에 기생하는 벌레입니다. 사자는 백수의 왕이라 죽어 있더라도 동물들은 무서워 감히 죽은 사자의 근처도 얼씬 못합니다. 그런데 사자의 몸에 사는 사자충이 살아있는 사자를 죽게도 합니다. 그와 같이 불교 안에 있는 스님이면 적어도 불교를 욕 먹이고, 은사를 욕 먹이고, 사형사제를 욕 먹이고, 불자를 욕 먹여서는 안 된다는 말입니다. 한국불교대학에 다니는 신도들이 한국불교대학을 비방하고 스님들을 비방한다면 그 또한 사자충이라 할 수 있습니다. 어쨌든 스님도 물론이거니와 여러분들도 사자를 먹는 사자충, 쇠를 먹는 녹은 되지 말아야겠습니다.

넷째, 보리심을 잊지 말아야 합니다. 언제가 되었든 깨닫겠단 생각을, 그러한 마음을 절대 놓쳐서는 안 됩니다.

다섯째, 너무 이기적으로 살지 말아야 합니다. 비가 오는데 신도들의 신발은 내버려두고 자신의 신발만 신발장에 넣는 스님, 제배만 부르면 스님들이 어떠한지 상관없는 불자 등 자신만을 위하며 살아서는 안 될 것입니다.

여섯째, 스님으로서의 기본을 잊지 말아야 합니다. 스님으로서의 기본은 수행과 전법입니다. 상구보리하고 하화중생 하는 것, 이것이 스님의 기본이죠.

일곱째, 마음 가운데 본사(本寺)를 떠나지 말아야 합니다. 출가시켜 주고 본인이 원하는 만큼 공부시켜 준 본사를 항상 마음 가운데 두어야 합니다. 머리 깎아 가사장삼 입혀 주고, 본인의 깜냥대로 대학의 학사 또는 석박사 과정까지 다 시켜 주었는데 공부가 끝났다고 본사를 박차고 가버려서는 안 될 일입니다.

여덟째, 신심을 가지고 원력을 세워야 합니다. 스님으로서, 불자로서 근본 마음은 믿는 마음, 즉 신심입니다. 삼보에 대한 신심, 깨달음에 대한 신심, 경전에 대한 신심, 공덕에 대한 신심 등 이러한 믿는 마음을 가지고 원력을 세워야 합니다. 원력은 공동체의 행복을 향한 목표, 불국토 건설과 같은 목적의식이 원력입니다. 우리 절의 원력은 바로 '천 개 도량 건립' 이죠.

"문아명자면삼도(聞我名者免三途) 견아형자득해탈(見我形者得解脫), 내 이름을 듣는 이는 나쁜 상황을 면하고 내 모습을 보는 이는 해탈을 얻어지이다."

이것은 행선축원(行禪祝願)의 한 대목으로 나옹 선사(懶翁 禪師)께서 지은 축원문입니다. 이것은 스님뿐만 아니라 우리 불자들의 마음도 그러해야 됩니다. 그 스님만 보면 지금의 고민이 해결될 것 같고, 그 스님만 보면 행복해지지는 못할망정, 그 스님 때문에 절에 가기가 싫다는 소리를 들어선 안 되겠죠. 나로 인하여 다른 이들이 행복해지고, 나로 인해서 다른 사람들이 자유로워지고, 나로 인해서 다른 사람들이 좋아진다면 얼마나 좋은 일입니까? 그래서 스님이든 불자든 그런 사람이 되어야 하겠습니다.

조계종(曹溪宗)에서 바라는 스님상

1. 종지(宗旨)
   조계종은 석가모니 부처님의 자각각타(自覺覺他) 각행원만(覺行圓滿)한 근본 교리를 봉체(奉體)하며, 직지인심(直指人心), 견성성불(見性成佛), 전법도생(傳法度生)함을 종지로 한다.

2. 조계종의 특징
   ① 대표적인 독신 승단
   ② 육조 혜능 스님의 30년 행화(行化)도량이 있던 조계산 이름에 걸맞게 참선수행을 주로 하면서 기도, 정근, 염불, 주력, 사경, 교리공부도 함께 하는 통불교(通佛敎)적 성격의 승단이다.
   ③ 간화선(看話禪)적 수행이 기본이다. ※선관쌍수(禪觀雙修)

대한불교조계종에서 바라는 바람직한 스님은 어떤 스님인지, 한번 살펴보겠습니다.

첫 번째, 종지(宗旨)만 보더라도 스님들이 어떻게 살아야 하는지, 바라는 스님상이 무엇인지 딱 알 수 있습니다. 종지란 그 종교의 핵심 사상 또는 교의(敎義)를 말합니다.

조계종의 종지는 석가모니 부처님의 자각각타(自覺覺他), 자신도 깨닫고 남도 깨닫게 하며 각행원만(覺行圓滿), 깨달음과 보살행이 원만해야 하고 근본 교리를 봉체(奉體), 즉 근본 교리를 받들어 체득하며 직지인심(直指人心), 곧바로 사람 마음의 본심을 가리키며 견성성불(見性成佛), 성품을 보아서 부처를 이루며 전법도생(傳法度生), 법을 전하여 중생을 제도하는 것, 그것이 조계종의 종지입니다.

두 번째, 조계종의 특징을 보면 바라는 스님상을 알 수 있습니다. 먼저, 조계종은 대표적인 독신 승단입니다. 그리고 육조(六祖) 혜능 스님의 30년 행화(行化)도량이 있던 조계산이라는 이름에 걸맞게 참선수행을 주로 하면서 기도, 정근, 염불, 주력, 사경, 교리공부도 함께 하는 통불교(通佛敎)적 성격의 승단입니다. 여기서 통불교란 쉽게 말해서 여러 가지를 다 수용하고 다 수행한다는 말입니다. 어느 하나만 좋은 것이 아니라 자기 근기에 맞는 것을 하면 된다는 말이기도 합니다. '얼마나 열심히 신심을 가지고 하는가' 가

문제이지 어느 하나만이 정답은 아닙니다. 또한 조계종은 간화선(看話禪)적 수행이 기본입니다.

이렇게 종단의 특징이 그대로 바라는 스님상이라고 할 수 있겠습니다.

스님으로서 두 가지 일, 목표

① 見性成佛(견성성불)
② 濟度衆生(제도중생) → 慈慧(자혜)연못

한국불교대학 大관음사 감포도량 무일선원 무문관에 들어가는 금강문 위에 한문 주련이 '견성성불(見性成佛)' 과 '제도중생(濟度衆生)' 입니다. 스님으로서 해야 할 일을 간단히 말하면, 성품을 봐서 부처를 이루는 것, 즉 견성성불과 중생을 제도하는 것 이 두 가지입니다. 금강문 앞에 연못이 있는데 이 연못은 두 개의 연못이 연결되어 하나의 연못처럼 만들어져 있습니다. 이 연못의 한쪽의 모양은 하트 모양으로 사랑, 자비의 자(慈), 한쪽은 원모양으로 슬기롭다, 지혜의 혜(慧) 그래서 이름이 자혜연못입니다. 또한 자혜는 제도중생의 사(慈)이며 견성성불의 혜(慧)입니다. 이렇게 자혜불이(慈慧不二), 자비와 지혜는 둘이 아닙니다. 자비는 지혜를 통해서 더 훌륭해지고, 지혜는 자비를 통해서 더 돋보이게 됩니다.

조계종에 출가하여 스님이 되려면 우선 독신이어야 합니다. 만약 결혼을 했다면 이혼을 해야 하고, 자식이 있다면 친자 또는 친권 포기가 되어야 합니다. 나이 제한도 있는데 2017년 현재는 50세까지 출가가 허용되고 2018년부터는 65세까지 가능합니다. 얼마 전에 통도사를 갔는데 그 넓은 통도사에 행자가 한 명뿐이었습니다. 이처럼 요즘은 워낙 출가를 하지 않아서 나이 제한이 점점 늘어나고 있는 실정입니다.

그러면 만약 스님이 된다면 어떤 것들이 좋을까요?

첫째, 돈이 없어도 살 수 있습니다.

둘째, 불교공부와 수행을 실컷, 내 마음껏 할 수 있습니다.

셋째, 아무래도 신도들보다는 깨닫는 길이 좀 빠르죠.

넷째, 본인의 적성에 따라 활동하고 싶은 분야에서 활동할 수가 있습니다. 요즘은 복지하는 스님, NGO하는 스님, 교학하는 스님, 참선하는 스님, 염불하는 스님 등 가지가지 적성에 따라서 할 수 있습니다.

다섯째, 인천(人天)의 스승이 될 수 있습니다. 인천, 즉 사람과 하늘의 스승이 될 수 있습니다. 중요한 것은 진발심(眞發心)입니다. 참된 발심이 있는 사람이 보람을 가질 수 있습니다. 절에 들어오면 은사를 정하고 6, 7개월 동안 행자생활을 하면 사미계를 받습니다. 사미계를 받고 4, 5년 공부를 하면 비구계를 받습니다. 그런 과정만 잘 습득하면 인천의 스승이 될 수가 있습니다.

無一 신도님들의 스님에 대한 자세

- 스님은 삼보로서 예경하고 귀의함의 대상이다.
  ① 불교적 입장에서 스님들이 신도들보다 훨 낫다.
  ② 불교 전문가이자 불교 리더(leader)이다.
  ③ 절을 지키고 가꾸는 신장이다.
  ④ 신도들을 위해 기도, 축원, 천도해 주는 대보살이다.
  　福田(복전)
  ⑤ 부처님이 될 후보자로 신도들보다 앞줄에 서 있다.

※ 우습게 보지 말아야 할 4부류

스님은 불(佛), 법(法), 승(僧) 삼보(三寶) 중의 하나입니다. '스님도 우리와 별반 다르지 않던데 무슨 삼보인가'라고 할 사람들도 있겠지만 재련되지 않았어도 금은 금입니다. 재련되지 않은 금도 그 속성은 금이죠. 또한 금이라고 해서 모두 순도 100%인 것도 아닙니다. 절에 스님이 없으면 누가 공부시켜 주고, 누가 천도제를 지내 주며, 누가 바른 길로 안내해 주겠습니까? 그렇기 때문에 불자들은 스님을 삼보로서 예경하고 귀의하며 잘 지키고 보호해야 합니다. 삼보로서 예경하고 귀의하면 그것도 자기 공덕이 됩니다.

구체적으로 신도님들이 스님에 대해 어떤 자세를 가져야 하는가, 첫째는 불교적 입장에서 스님들이 신도들보다 훨 낫다는 마음을 가져야 합니다. 간혹 신도가 스님을 욕하는데 욕하는 그 사람보다 아무려면 스님이 훨 낫지요. 추석 명절이 10일이나 되지만 스님들은 어디에 갈 수가 없습니다. 납골당이나 위패를 모신 분들은 명절에 절을 더 찾기도 하고, 명절과 상관없이 천도재가 있으니 스님이 명절이라고 절을 비울 수가 없지 않습니까. 불교적 입장에서는 어쨌든지 스님들이 신도님들보다 훨 낫습니다.

둘째, 스님은 불교 전문가이자 불교 리더(leader)임을 알아야 합니다. 한마디로 불교전문가입니다. 오로지 불교공부하고, 오로지 참선하고, 오로지 기도하고, 오로지 천도하는 사람이 스님입니다. 신도님들이야 세속에서 각자 직업을 가지고 있으면서 절에 오지만 스님들은 스님 자체가 직업이 되죠.

셋째, 스님은 절을 지키고 가꾸는 신장입니다. 요즘은 절에 스님이 없어서 문을 닫는 절이 많습니다. 실지로 역사가 오래된 고찰에서 혼자 절을 보살피다가 너무 힘들어서 결국 스님이 떠나버린 일이 있었습니다. 그런 경우가 말 그대로 폐사, 절 문이 닫히는 것이죠. 우리절이 굳건하게 잘 유지되려면 절을 지키는 신장, 스님들이 있어야 합니다.

넷째, 스님은 신도들을 위해 기도, 축원, 천도해 주는 대보살입니다. 그래서 복을 주는 수행자, 즉 복전승(福田僧)입니다. 스님들에게는 나름의 법력이 있어서 그 법력으로 신도들을 위해 기도를 해주는데, 항상 자신의 기도보다는 늘 신도들을 위해 먼저 기도, 축원, 천도를 해줍니다. 그런 스님에게 시비를 따지고 싸움을 벌이는 것은 아주 큰 잘못임을 알아야 합니다.

다섯째, 스님은 부처님이 될 후보자로서 신도들보다 앞줄에 서 있습니다. 스님이나 신도님들이나 모두가 다 부처가 될 후보자이지만 절에 살면서 매일매일 부처님을 친견하고 기도하고 참선하는 스님들이 부처가 되도 더 빠르겠죠.

결론적으로 이러한 이유들 때문에 신도님들은 스님을 삼보로서 예경하고 지켜야 하는 것입니다.

한편, 작거나 어리다고 우습게 보지 말아야 할 4부류가 있는데 첫째 독사, 둘째 왕자, 셋째 진드기, 넷째 어린 사미입니다. 독사가 어리거나 작다고 해서 독이 없는 것은 아니며, 어린 왕자라도 후일 왕이 될 인물이기에 우습게 보지 말아야 하며, 또한 진드기가 작지만 우리나라에서만 이 진드기로 일 년에 3~40명 사망한다고 하니 우습게 보지 말아야 하죠. 그리고 어리다고 우습게 보지 말아야 하는 것이 바로 어린 사미입니다. 역대 조사도 천하의 선지식도 모두 사미로부터 시작되었습니다. 나이 어린 스님, 행동이 조금 안 좋아 보이는 스님이 있더라도 결코 깔보거나 우습게 생각하지 말아야 할 이유가 바로 그 때문입니다.

백팔대참회문 일곱 번째 시간, 다음의 제가 쓴 한시 한 편을 읽고 마치겠습니다.

> **策勵(책려) 채찍질하여 독려함**
>
> 學日不裕(학일불유)
> 時但迅速(시단신속)
> 他日不恨(타일불한)
> 目下集中(목하집중)
>
> 공부할 날은 많지 않은데
> 시간은 빠르기만 하도다.
> 후일 한탄하지 말고
> 지금 당장 열심히 하라.

날씨가 추워지니 감기에 걸리신 분들이 많은데 아무쪼록 다들 건강하셨다가 다음 초하루에 다시 뵙겠습니다.

관세음보살.

부록

無一 우학 스님의
부처님 백팔찬탄문

1. 지극한 마음 - 아뇩다라삼먁삼보리 부처님
2. 지극한 마음 - 행복 주시는 부처님
3. 지극한 마음 - 자비로우신 부처님
4. 지극한 마음 - 소원성취 부처님
5. 지극한 마음 - 은혜로우신 부처님
6. 지극한 마음 - 삼업청정(三業淸淨) 부처님
7. 지극한 마음 - 이락(利樂) 주시는 부처님
8. 지극한 마음 - 내 마음속 부처님
9. 지극한 마음 - 사대강건(四大剛健) 부처님
10. 지극한 마음 - 복덕구족(福德具足) 부처님
11. 지극한 마음 - 대승무아(大乘無我) 부처님
12. 지극한 마음 - 만족케 하시는 부처님
13. 지극한 마음 - 세상 주인공 부처님
14. 지극한 마음 - 존재케 하시는 부처님
15. 지극한 마음 - 보살도 회향 부처님
16. 지극한 마음 - 참된 말씀 부처님
17. 지극한 마음 - 실다운 말씀 부처님
18. 지극한 마음 - 일승세계(一乘世界) 부처님

19. 지극한 마음 - 무장무애(無障無碍) 부처님
20. 지극한 마음 - 화합대중(和合大衆) 부처님
21. 지극한 마음 - 원만당체(圓滿當體) 부처님
22. 지극한 마음 - 선행인도(善行引導) 부처님
23. 지극한 마음 - 실상 믿음 부처님
24. 지극한 마음 - 보살피시는 부처님
25. 지극한 마음 - 공간중심(空間中心) 부처님
26. 지극한 마음 - 세상 으뜸 부처님
27. 지극한 마음 - 불국정토(佛國淨土) 부처님
28. 지극한 마음 - 자타불이(自他不二) 부처님
29. 지극한 마음 - 무상법체(無相法體) 부처님
30. 지극한 마음 - 본각(本覺)이신 부처님
31. 지극한 마음 - 공덕장(功德藏)이신 부처님
32. 지극한 마음 - 성인 중 성인 부처님
33. 지극한 마음 - 중생제도 부처님
34. 지극한 마음 - 기쁨 주시는 부처님
35. 지극한 마음 - 복덕충만 부처님
36. 지극한 마음 - 고마우신 부처님

37. 지극한 마음 - 참회케 하시는 부처님
38. 지극한 마음 - 진흙 속 연꽃 부처님
39. 지극한 마음 - 바른 견해 부처님
40. 지극한 마음 - 바른 생각 부처님
41. 지극한 마음 - 바른 말씀 부처님
42. 지극한 마음 - 바른 행위 부처님
43. 지극한 마음 - 바른 생활 부처님
44. 지극한 마음 - 바른 정진 부처님
45. 지극한 마음 - 바른 억념 부처님
46. 지극한 마음 - 한결같으신 부처님
47. 지극한 마음 - 보시 부처님
48. 지극한 마음 - 지계 부처님
49. 지극한 마음 - 인욕 부처님
50. 지극한 마음 - 정진 부처님
51. 지극한 마음 - 선정 부처님
52. 지극한 마음 - 반야 부처님
53. 지극한 마음 - 방편 부처님
54. 지극한 마음 - 대원 부처님

55. 지극한 마음 - 큰 힘 부처님
56. 지극한 마음 - 지혜 부처님
57. 지극한 마음 - 법신 부처님
58. 지극한 마음 - 보신 부처님
59. 지극한 마음 - 화신 부처님
60. 지극한 마음 - 법계초월(法界超越) 부처님
61. 지극한 마음 - 인드라망(因陀羅網) 부처님
62. 지극한 마음 - 하늘태양 부처님
63. 지극한 마음 - 사랑주시는 부처님
64. 지극한 마음 - 희망 부처님
65. 지극한 마음 - 극락주재(極樂主宰) 부처님
66. 지극한 마음 - 대자유 부처님
67. 지극한 마음 - 귀의처이신 부처님
68. 지극한 마음 - 마음달 부처님
69. 지극한 마음 - 천안통 부처님
70. 지극한 마음 - 숙명통 부처님
71. 지극한 마음 - 누진통 부처님
72. 지극한 마음 - 천이통 부처님

73. 지극한 마음 - 신족통 부처님
74. 지극한 마음 - 타심통 부처님
75. 지극한 마음 - 동사섭 부처님
76. 지극한 마음 - 인류스승 부처님
77. 지극한 마음 - 세상구원 부처님
78. 지극한 마음 - 여래이신 부처님
79. 지극한 마음 - 응공 부처님
80. 지극한 마음 - 정변지 부처님
81. 지극한 마음 - 명행족 부처님
82. 지극한 마음 - 선서 부처님
83. 지극한 마음 - 세간해 부처님
84. 지극한 마음 - 무상사 부처님
85. 지극한 마음 - 조어장부 부처님
86. 지극한 마음 - 천인사 부처님
87. 지극한 마음 - 세존 부처님
88. 지극한 마음 - 평화구현 부처님
89. 지극한 마음 - 환희케 하시는 부처님
90. 지극한 마음 - 창조자재(創造自在) 부처님

91. 지극한 마음 - 어버이이신 부처님
92. 지극한 마음 - 삼재소멸 부처님
93. 지극한 마음 - 전법륜 부처님
94. 지극한 마음 - 진리이신 부처님
95. 지극한 마음 - 밝음이신 부처님
96. 지극한 마음 - 우주근원 부처님
97. 지극한 마음 - 길잡이이신 부처님
98. 지극한 마음 - 불가사의법력 부처님
99. 지극한 마음 - 자성 부처님
100. 지극한 마음 - 생명이신 부처님
101. 지극한 마음 - 하늘 중 하늘 부처님
102. 지극한 마음 - 기도 응답 부처님
103. 지극한 마음 - 참 좋으신 부처님
104. 지극한 마음 - 절제케 하시는 부처님
105. 지극한 마음 - 인생보람 부처님
106. 지극한 마음 - 영원하신 부처님
107. 지극한 마음 - 존경하옵는 부처님
108. 지극한 마음 - 마하반야바라밀 부처님

초하루**법문집**
백팔대참회문①

2018년 1월 30일 초판1쇄 인쇄
2018년 1월 30일 초판1쇄 발행

글	無一 우학 큰스님
펴낸곳	도서출판 좋은인연(한국불교대학 부속출판사)

편집 / 김현미 모상미 김규미
등록 / 제4-88호
주소 / 대구 남구 중앙대로 126
전화 / 053-475-3707~6
홈페이지 / http://book.tvbuddha.org
한국불교대학 홈페이지 / **한국불교대학**
한국불교대학 다음카페 / **불교인드라망**

ISBN   978-89-93040-80-7(03220)